ニューハナイの パスタとタパス おいしさの法則

海老沢健太郎

KADOKAWA

はじめに

「ニューハナイ」でお客様に提供しているのは、タパス（おつまみや前菜）とパスタとお酒です。東京・経堂の商店街の古いビルの2階で営業しています。お陰様で地元の方から遠方の方までさまざまなお客様に使っていただいています。

タパスをつまみながらビールやワインを飲み、パスタを食べながら、さらにワインが進む。レストランではないので、メイン料理はありません。最初からパスタを食べてもいいですし、パスタを食べたあとにタパスに戻ってもいい。難しい決まりはなく、お客様の好きなように楽しんでもらっています。

メニューは定番のものと季節によって変わるものがあります。特段変わった食材を使うのではなく、季節ごとに手に入りやすい食材を使い、真っ当にそのおいしさを引き出すことを大切にしています。そして和洋の食材を組み合わせて、オリジナルの味を出しています。

この本では自分なりのおいしさの法則をもとに、お店で出しているメニューのレシピを紹介します。「ニューハナイ」にいらしたことのある方はもちろん、知らなかったという方も、本を手に作ってみていただけたらうれしいです。

最後に店名について。最初にやっていたお店が「ハナイ」で、移転して「ニューハナイ」としました。重い意味を込め過ぎて早々にお店がなくなってしまったらイヤだなと思って、遊び心をもって軽やかに名付けました。由来について知りたい方はこっそり声をかけてください。お店でもお待ちしています。

「ニューハナイ」オーナーシェフ　海老沢健太郎

4

STAFF

デザイン	三上祥子（Vaa）
撮影	邑口京一郎（カバー裏、p.2、p.8〜19、p.23、p.25、p.27、p.29、p.33、p.40〜43、p.54〜59、p.67、p.83、p.86〜97、p.99、p.115、p.124〜126、p.132〜137、p.155〜160）、海老沢健太郎
ＤＴＰ	茂呂田剛（エムアンドケイ）
校正	根津桂子、新居智子
編集	小野有美子、中野さなえ（KADOKAWA）

TOMATO BASED PASTA

トマトベースのパスタ 54

基本のトマトベースパスタ

コラム

[この本のルール]

・小さじ1は5㎖、大さじ1は15㎖、1カップは200㎖、1合は180㎖、ひとつまみは親指、人差し指、中指の3本の指でつまんだ量です。

・塩は精製していない天然のものを使用しています。

・EVオリーブオイルは、エキストラバージンオリーブオイルのことを指しています。

・野菜や果物は、特に表記していない場合は、皮をむいたり筋を取ったりしています。

・加熱時間と火加減は、ガスコンロ使用を基準にしています。IH調理器具などの場合には、調理器具の表示を参考にしてください。

・オーブンはコンベクションオーブンを使用しています。ご使用のオーブンに合わせ、加熱時間を調節してください。

・電子レンジは600Wのものを基準にしています。500Wなら1.2倍、700Wなら0.9倍の時間で加熱してください。

・保存容器は、よく洗って完全に乾かし、清潔にしたものを使ってください。

ニューハナイのタパス

お店の看板タパス

ニューハナイの味の決め手
パスタとタパスの素 156

ニューハナイのパスタ
作り方をそろえるのが
おいしさの法則

ニューハナイの看板料理とも言えるのがパスタ。

お店では1人で料理をしているので、おいしいタイミングで提供できるように

手際よく、味にブレがないように作ることを大切にしています。

その秘訣は<u>オイルベース、トマトベース、クリームベース、</u>

<u>それぞれの作り方を統一</u>すること。

基本の味を確立したうえで、具材でアレンジを効かせます。

また、にんにくオイル漬けなど、後で紹介する<u>"パスタの素"を準備しておく</u>

ことも欠かせません。

事前に下ごしらえを済ませ、1人でもスムーズに作れるようにしています。

そして、<u>1人分ずつ作る</u>ことで、火の通りも均一になり、味がまとまります。

パスタは1人分80g。袋の表示の1分前にゆで上げ、

ソースの水分量をやや多めにして一緒に煮詰めることで、

パスタに味をしみ込ませます。

<u>具材は肉や魚などの主役となる食材1品に野菜を1品加える</u>のが基本です。

パッと見た時の全体の色合いにも気をつけるようにしていますが、

歯応えのある食感のものには、とろりとした食感のものを合わせたり、

口に入れた時の感覚や味わいに変化が出るようにしています。

具材も、しっかりと味わえるように先に火を入れておくものや、最後に余熱で

火を入れるものなど、パスタによって加えるタイミングを変えています。

基本の作り方でこだわりを詳しく紹介していますので、ぜひ作ってみてください。

パスタと調味料のこと

ニューハナイで使っているパスタと基本的な調味料を紹介
します。修業時代から使い慣れていて、おいしいと感じて
いるものを今でも使い続けています。

ディ・チェコ
no. 11スパゲッティーニ

世界中の多くのプロも愛用しているという、イタ
リアの有名パスタブランド。水と小麦、製法にこ
だわったパスタは、麺の歯応えと喉ごしがよいの
が特徴です。うちで使っているスパゲッティーニ
は太さ1.6mmで、どんなソースのパスタ料理にも
使いやすい万能タイプ。スーパーでは500g入り
のものが売られています。

モティア
サーレ・インテグラーレ

///

イタリア・シチリアのトラパニ沿岸の無精製の海
塩。長い時間をかけ、完全天日干しで作られたミ
ネラル豊富な塩で、やさしい甘みと自然な塩味が
あります。フィーノ（細粒）とグロッソ（粗粒）が
あり、パスタをゆでる時やパスタの調味には細粒、
タパスの仕上げには粗粒を使っています。本書の
材料表では細粒＝塩、粗粒＝粗塩としています。

バジェホ
エキストラバージンオリーブオイル

///

スペイン・アンダルシアの老舗ブランド、バジェ
ホが作るオリーブオイル。スペインの代表品種ピ
クアル種から作られるオイルはフルーティーでさ
わやかな香りがあり、ビターテイストとスパイシ
ーさを持ち合わせています。パスタにもタパスに
も、加熱する時にもそのままかけるだけの時も、
すべてこのオイルを使っています。

パスタのゆで方

この本のレシピで共通するパスタのゆで方です。
すべてのパスタはこちらの通りにゆでてください。

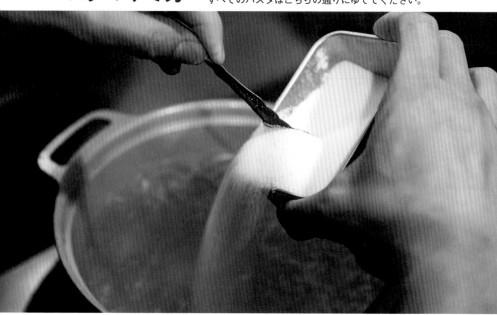

1 大きめの鍋に 2 ℓ の湯を沸かし、塩大さじ 1 強（湯の量の 1 ％）を加える。
十分な量の塩を入れることでパスタにしっかりと下味がつく。

2 パスタがくっつかないように放射状に入れ（両手でパスタを持ってひねり、
鍋の上でパッと離して入れ）、湯に沈んだらトングなどで混ぜる。

3　パスタがゆらゆらと揺れる程度の中火で袋の表示より1分短くゆでる。途中、パスタがくっつかないようにトングなどで混ぜる。

4　パスタがゆで上がったら湯をきり、用意しておいたパスタのソースに加える。湯（ゆで汁）は取っておき、味の調整に使う。

オイルベースのパスタ

OIL BASED PASTA

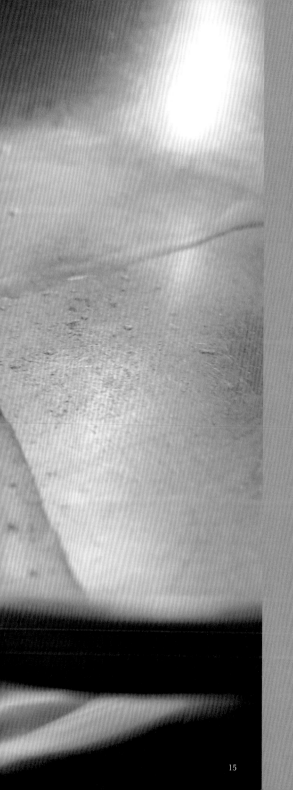

シンプルだからこそ奥が深いの
がオイルベースのパスタ。
オリーブオイルににんにくの香
りと唐辛子の辛みを移し、パス
タのゆで汁を加えて混ぜ合わせ
ながら、白っぽくなるまで煮詰
めたソースをパスタによくから
めます。
後半では、オイルベースにバタ
ーを加えたパスタも紹介してい
ます。

基本のオイルベースのパスタ

ペペロンチーノ
ベーコンミニトマト

にんにくと唐辛子の風味をオイルに出し、パスタのゆで汁
と合わせてパスタにまとわせることがおいしさの秘訣です。
イタリアンパセリなどのハーブを加える場合は、半量はパ
スタに混ぜ、残りは盛りつけに使って香りを残します。

材料（1人分）

パスター— 80g

ベーコン（1cm四方の棒状に切ったもの）— 30g

ミニトマト— 3個

にんにくオイル漬け（p.156）— 小さじ1

赤唐辛子（種を除き、1/2本は輪切りにする）— 1本

EVオリーブオイル— 適量

塩— 適量

イタリアンパセリの粗みじん切り— 適量

1 パスタをゆで始める（p.12のパスタのゆで方参照）。ソースを作る。フライパン
にオリーブオイル大さじ1を入れて中火にかけ、ベーコンを焼く。脂が出
てきたら、にんにくオイル漬け、唐辛子を加える。

2 にんにくの香りが立ったら、パスタのゆで汁70mℓを加えて火を止める。
パスタがゆで上がる直前に強火にかけ、ソースを沸騰させる。

3 パスタがゆで上がったら湯をきり、フライパンに加える。早めにゆで上げ
たパスタをソースの中で煮ながら、ソースは乳化してとろりとするまで、
強火のままフライパンを揺すって煮詰め、パスタとからめる。

4 　ミニトマトを横半分に切って加え、全体を混ぜる。水分が少なければゆで
汁を加える。全体をさらに混ぜて乳化させ、香りをつけるためにオリーブ
オイル小さじ1を加えて混ぜる。

5 　適度な量のとろみのあるソースになっていればOK。味見をして足りなけ
れば塩を加える。イタリアンパセリの半量を加えてさっと混ぜ、器に盛り、
残りのイタリアンパセリをのせる。

ペペロンチーノ

キッチンに常備してある材料で、さっと作れるのがメインの具のないペペロンチーノ。オイルとパスタのゆで汁を融合させてパスタ全体にからめます。

材料（1人分）

パスタ ― 80g

にんにくオイル漬け (p.156)
　― 小さじ1

赤唐辛子 (種を除いたもの) ― 1本

EVオリーブオイル ― 適量

塩 ― 適量

イタリアンパセリの粗みじん切り
　― 適量

作り方

1　鍋に2ℓの湯を沸かし、塩大さじ1強とパスタを加え、中火で袋の表示より1分短くゆで始める（p.12のパスタのゆで方参照）。

2　ソースを作る。フライパンにオリーブオイル大さじ1、にんにくオイル漬け、唐辛子を入れて中火にかけ、香りが立ったら、パスタのゆで汁70mℓを加えて火を止める。パスタがゆで上がる直前に強火にかけ、ソースを沸騰させる。

3　パスタがゆで上がったら湯をきり、2のフライパンに加える。フライパンをゆすってソースを煮詰め、全体にからめる。水分が少なければパスタのゆで汁を加える。オリーブオイル小さじ1を加えてあえ、味見をして足りなければ塩を加える。

4　イタリアンパセリの半量を加えてさっと混ぜ、器に盛り、残りのイタリアンパセリをふる。

ボンゴレビアンコ

あさりの旨味が凝縮したソースをたっぷり吸ったパスタは
豊かな味わい。あさりは火が通ったらいったん取り出して、
ふっくらした身の状態をキープします。

材料（1人分）

パスタ ― 80g

あさり（砂抜きしたもの）― 10個

ミニトマト ― 1個

にんにくオイル漬け (p.156)
　― 小さじ1

赤唐辛子の輪切り ― 5切れ

白ワイン ― 小さじ2

EVオリーブオイル ― 適量

塩 ― 適量

イタリアンパセリの粗みじん切り
　― ひとつまみ

作り方

1　鍋に2ℓの湯を沸かし、塩大さじ1強とパスタを加え、中火で袋の表示より1分短くゆで始める（p.12のパスタのゆで方参照）。

2　ソースを作る。フライパンにオリーブオイル大さじ1、にんにくオイル漬け、唐辛子を入れて中火にかけ、香りが立ったらあさり、白ワイン、水70mℓ、ミニトマトを切らずに加えてふたをして蒸し煮にする。あさりの口が開いたら、あさりだけいったん取り出す。

3　パスタがゆで上がったら湯をきり、2のフライパンに加える。強火にし、フライパンをゆすってソースを煮詰め、全体にからめる。オリーブオイル小さじ1を加えてあえ、味見をして足りなければ塩を加える。

4　イタリアンパセリの半量を加えてさっと混ぜ、器に盛り、あさりをのせ、残りのイタリアンパセリをふる。

あさりに白ワイン、水、ミニトマトを加え、蒸し煮にして旨味を抽出。あさりに塩分があるので、パスタのゆで汁ではなく水を加えます。

桜えび新玉ねぎ

桜えびの風味と食感、新玉ねぎの甘みをいかした、春の旬を味わうパスタです。ソースにパスタを加えて加熱し、桜えびと新玉ねぎの旨味をからませて一体化させます。

材料（1人分）

パスタ ― 80g

桜えび（釜揚げ）― 15g

新玉ねぎ ―― 小1/4個

にんにくオイル漬け（p.156）
　― 小さじ1

赤唐辛子の輪切り ― 5切れ

EVオリーブオイル ― 適量

塩 ― 適量

粗挽き黒こしょう ― 適量

作り方

1　鍋に2ℓの湯を沸かし、塩大さじ1強とパスタを加え、中火で袋の表示より1分短くゆで始める（p.12のパスタのゆで方参照）。

2　ソースを作る。新玉ねぎは食べやすい大きさのくし形切りにする。フライパンにオリーブオイル大さじ1、にんにくオイル漬け、唐辛子、新玉ねぎを入れて中火で炒め、香りが立ったら桜えび、パスタのゆで汁70mlを加えて火を止める。パスタがゆで上がる直前に強火にかけ、ソースを沸騰させる。

3　パスタがゆで上がったら湯をきり、2のフライパンに加える。フライパンをゆすってソースを煮詰め、全体にからめる。水分が少なければパスタのゆで汁を加える。オリーブオイル小さじ1を加えてあえ、味見をして足りなければ塩を加える。

4　器に盛り、こしょうをふる。

桜えび
春と秋に漁が行われ、濃厚な甘みがあり、美しいピンク色の桜えび。ニューハナイでは素干しのものではなく、塩ゆでされた釜揚げを使っています。手に入ったら、生を使ってもおいしいです。

白魚スナップえんどう

春を告げる、少し苦みのある白魚が手に入ったら、スナップえんどうを加えた大人味のパスタはいかがでしょう？
白魚は火が通り過ぎないように最後に加えます。

材料（1人分）

パスタ — 80g

白魚（生食用）— 30g

スナップえんどう — 3個

ミニトマト — 1個

にんにくオイル漬け (p.156)
　　— 小さじ1

赤唐辛子の輪切り — 5切れ

EVオリーブオイル — 適量

塩 — 適量

イタリアンパセリのみじん切り
　　— ひとつまみ

白魚
シラウオ科に属する魚で、小さいですが成魚。新鮮なものは透明感があり、加熱すると白くなります。春が旬で、旨味があり、さまざまな料理に活用できます。必ず生食用のものを使ってください。

作り方

1　鍋に2ℓの湯を沸かし、塩大さじ1強とパスタを加え、中火で袋の表示より1分短くゆで始める（p.12のパスタのゆで方参照）。

2　スナップえんどうはざるなどに入れ、1の鍋で1分ゆでて取り出し、半分に裂く。ミニトマトは横半分に切る。

3　ソースを作る。フライパンにオリーブオイル大さじ1、にんにくオイル漬け、唐辛子を入れて中火にかけ、香りが立ったら2とパスタのゆで汁70㎖を加えて火を止める。パスタがゆで上がる直前に強火にかけ、ソースを沸騰させる。

4　パスタがゆで上がったら湯をきり、3のフライパンに加える。フライパンをゆすってソースを煮詰め、全体にからめる。水分が少なければパスタのゆで汁を加える。オリーブオイル小さじ1を加えて混ぜ、味見をして足りなければ塩を加える。

5　白魚を加えてさっと混ぜ、器に盛り、イタリアンパセリをふる。

芽キャベツホタルいか

ほろ苦い芽キャベツと濃厚なホタルいか。小さくても奥深い味を持つ食材をオイルベースに合わせます。芽キャベツの歯ごたえが残るぐらいに、さっと炒めてください。

材料（1人分）

パスタ ― 80g

ホタルいか ― 7はい（30g）

芽キャベツ ― 3個

にんにくオイル漬け（p.156）
　― 小さじ1

赤唐辛子の輪切り ― 5切れ

EVオリーブオイル ― 適量

塩 ― 適量

イタリアンパセリの粗みじん切り
　― 適量

粗挽き黒こしょう ― 適量

作り方

1　鍋に2ℓの湯を沸かし、塩大さじ1強とパスタを加え、中火で袋の表示より1分短くゆで始める（p.12のパスタのゆで方参照）。

2　芽キャベツは縦半分に切る。ホタルいかは目玉、くちばし、軟骨を取り除く。

3　ソースを作る。フライパンにオリーブオイル大さじ1、にんにくオイル漬け、唐辛子、芽キャベツを入れて中火で炒め、香りが立ったらホタルいかとパスタのゆで汁70mlを加えて火を止める。パスタがゆで上がる直前に強火にかけ、ソースを沸騰させる。

4　パスタがゆで上がったら湯をきり、3のフライパンに加える。フライパンをゆすってソースを煮詰め、全体にからめる。水分が少なければパスタのゆで汁を加える。オリーブオイル小さじ1を加えて混ぜ、味見をして足りなければ塩を加える。

5　イタリアンパセリの半量を加えてさっと混ぜ、器に盛り、残りのイタリアンパセリとこしょうをふる。

ホタルいかは目玉、足の間にあるくちばし、頭の内側にある軟骨を骨抜きなどでつまんで取り除きます。下処理をすることで口当たりが良くなります。

いわしディルレモン

いわしを1尾分、こんがりと焼いてからソースに入れ、レモンの酸味とディルのさわやかな香りをプラスしました。1個のミニトマトが味のアクセントになっています。

材料（1人分）

パスタ ― 80g

いわし（3枚おろしの切り身）
　 ― 1尾分

レモン ― 1/4個

ディルの粗みじん切り ― 適量

ミニトマト ― 1個

にんにくオイル漬け (p.156)
　 ― 小さじ1

赤唐辛子の輪切り ― 5切れ

EVオリーブオイル ― 適量

塩 ― 適量

作り方

1　フライパンにオリーブオイル少々を入れて中火にかけ、いわしを皮目から入れて両面こんがりするまで焼き、取り出す。ミニトマトは横半分に切る。

2　鍋に2ℓの湯を沸かし、塩大さじ1強とパスタを加え、中火で袋の表示より1分短くゆで始める（p.12のパスタのゆで方参照）。

3　ソースを作る。1のフライパンをきれいにして、オリーブオイル大さじ1、にんにくオイル漬け、唐辛子を入れて中火にかけ、香りが立ったらいわし、ミニトマト、パスタのゆで汁70mℓを加えて火を止め、いわしをへらなどで粗くほぐす。パスタがゆで上がる直前に強火にかけ、ソースを沸騰させる。

4　パスタがゆで上がったら湯をきり、3のフライパンに加える。強火にし、フライパンをゆすってソースを煮詰め、全体にからめる。水分が少なければパスタのゆで汁を加える。オリーブオイル小さじ1を加えて混ぜ、味見をして足りなければ塩を加える。

5　レモン汁を搾り入れ、ディルの半量を加えてさっと混ぜ、器に盛り、残りのディルをふる。好みで搾ったあとのレモンを添える。

やりいかクレソンからすみ

いかと辛みのあるクレソンを合わせた、おつまみにもなる
パスタです。ミニトマトは味のアクセント。からすみパウ
ダーは最後にかけて、濃厚な味わいと香りを引き出します。

材料（1人分）

パスタ — 80g

やりいか — 小1ぱい（40g）

クレソン — 30g

ミニトマト — 1個

からすみパウダー（市販品）
　— 10g

にんにくオイル漬け（p.156）
　— 小さじ1

赤唐辛子の輪切り — 5切れ

EVオリーブオイル — 適量

塩 — 適量

作り方

1　クレソンは4～5cm長さに、ミニトマトは横半分に切る。やりいかは足をわたごと引き抜き、胴の内側の軟骨を引き抜いて胴の中を洗い、ペーパータオルで拭く。足は目の下に包丁を入れてわたを切り落とし、くちばしは指で取り除く。胴の部分は7～8mm幅の輪切りに、足は食べやすく切り分ける。

2　鍋に2ℓの湯を沸かし、塩大さじ1強とパスタを加え、中火で袋の表示より1分短くゆで始める（p.12のパスタのゆで方参照）。

3　ソースを作る。フライパンにオリーブオイル大さじ1、にんにくオイル漬け、唐辛子、いか、ミニトマトを入れて中火で炒め、香りが立ったらクレソンとパスタのゆで汁70mℓを加えて火を止める。パスタがゆで上がる直前に強火にかけ、ソースを沸騰させる。

4　パスタがゆで上がったら湯をきり、3のフライパンに加える。フライパンをゆすってソースを煮詰め、全体にからめる。水分が少なければパスタのゆで汁を加える。オリーブオイル小さじ1を加えて混ぜ、味見をして足りなければ塩を加える。

5　器に盛り、からすみパウダーをふる。

からすみパウダー
ボラの卵巣を塩漬けし、乾燥さ
せたからすみをパウダー状にし
たもの。豊かな旨味と適度な塩
け、独特の風味があり、パウダー
状なので手軽に料理に使えます。

かつおトマト梅バジリコ

かつおとトマトの旨味に酸味のある梅干し、バジルを加えることでさっぱりとした味わいになります。かつおは火を通し過ぎないことがポイントです。

材料（1人分）

パスタ ― 80g

かつおのさく （刺身用）― 40g

ミニトマト ― 3個

梅干し ― 1個

にんにくオイル漬け (p.156)
　― 小さじ1

赤唐辛子の輪切り ― 5切れ

EVオリーブオイル ― 適量

塩 ― 適量

バジルの葉のざく切り ― 2枚分

粗挽き黒こしょう ― 適量

作り方

1　鍋に2ℓの湯を沸かし、塩大さじ1強とパスタを加え、中火で袋の表示より1分短くゆで始める（p.12のパスタのゆで方参照）。

2　かつおは1cm幅に切り、ミニトマトは縦半分に切る。梅干しは種を取り、包丁で叩く。

3　ソースを作る。フライパンにオリーブオイル大さじ1、にんにくオイル漬け、唐辛子を入れて中火にかけ、香りが立ったらミニトマト、梅干し、パスタのゆで汁70mℓを加えて火を止める。パスタがゆで上がる直前に強火にかけ、ソースを沸騰させる。

4　パスタがゆで上がったら湯をきり、3のフライパンに加える。フライパンをゆすってソースを煮詰め、全体にからめる。水分が少なければパスタのゆで汁を加える。オリーブオイル小さじ1を加えて混ぜ、味見をして足りなければ塩を加える。

5　かつおとバジルの半量を加えてさっと混ぜ、器に盛り、残りのバジルをのせ、こしょうをふる。

ほたてなすトマト

なすは素揚げにして入れることで、とろりとしてミニトマトとともにパスタになじみやすくなります。ほたては最後に加え、半生の状態に仕上げます。

材料（1人分）

パスタ — 80g

ほたて（刺身用）— 2個

なす — 1/4本

ミニトマト — 2個

にんにくオイル漬け（p.156）
　— 小さじ1

赤唐辛子の輪切り — 5切れ

EVオリーブオイル — 適量

揚げ油 — 適量

塩 — 適量

イタリアンパセリの粗みじん切り
　— 適量

作り方

1　ミニトマトは横半分に切る。なすは一口大に切る。ほたては半分に切る。

2　揚げ油を中温（170℃）に熱し、なすを入れて素揚げにし、取り出して油をきる。

3　鍋に2ℓの湯を沸かし、塩大さじ1強とパスタを加え、中火で袋の表示より1分短くゆで始める（p.12のパスタのゆで方参照）。

4　ソースを作る。フライパンにオリーブオイル大さじ1、にんにくオイル漬け、唐辛子を入れて中火にかけ、香りが立ったらミニトマト、なす、パスタのゆで汁70mℓを加えて火を止める。パスタがゆで上がる直前に強火にかけ、ソースを沸騰させる。

5　パスタがゆで上がったら湯をきり、4のフライパンに加える。フライパンをゆすってソースを煮詰め、全体にからめる。ほたて、イタリアンパセリの半量、オリーブオイル小さじ1を加えて混ぜ、味見をして足りなければ塩を加える。

6　器に盛り、残りのイタリアンパセリを散らす。

牡蠣芽キャベツアンチョビ

牡蠣とアンチョビのダブルの旨味が溶け込み、極上のパスタソースができ上がります。牡蠣や芽キャベツをつまみながら、ワインのお供にもなるパスタです。

材料（1人分）

パスタ — 80g
牡蠣オイル漬け (p.157) — 3個
芽キャベツ — 3個
アンチョビペースト
　— 小さじ1と1/2
にんにくオイル漬け (p.156)
　— 小さじ1
EVオリーブオイル — 適量
塩 — 適量
粗挽き黒こしょう — 適量

作り方

1　鍋に2ℓの湯を沸かし、塩大さじ1強とパスタを加え、中火で袋の表示より1分短くゆで始める（p.12のパスタのゆで方参照）。

2　ソースを作る。芽キャベツは縦半分に切る。フライパンにオリーブオイル大さじ1、にんにくオイル漬け、アンチョビペースト、芽キャベツを入れて中火で炒め、香りが立ったら牡蠣とパスタのゆで汁70㎖を加えて火を止める。パスタがゆで上がる直前に強火にかけ、ソースを沸騰させる。

3　パスタがゆで上がったら湯をきり、2のフライパンに加える。フライパンをゆすってソースを煮詰め、全体にからめる。水分が少なければパスタのゆで汁を加える。オリーブオイル小さじ1を加えて混ぜ、味見をして足りなければ塩を加える。

4　器に盛り、こしょうをふる。

基本のバターベースのパスタ

カチョエペペ

バターベースのパスタは、オイルソースにバターを加えた
もの。バターでコクとまろやかさをプラスします。さらに
チーズとこしょうをたっぷりとかけたパスタがカチョエペ
ペ（「チーズとこしょう」という意味）です。

材料（1人分）

パスタ — 80g

にんにくオイル漬け (p.156) — 小さじ1

EVオリーブオイル — 大さじ1

無塩バター — 20g

ペコリーノチーズのすりおろし — 適量

塩 — 適量

粗挽き黒こしょう — 適量

1 パスタをゆで始める (p.12のパスタのゆで方参照)。ソースを作る。火をつける
前のフライパンにオリーブオイルとにんにくオイル漬けを入れて中火にか
ける。にんにくが焦げないように注意する。

2 にんにくの香りが立ったら、パスタのゆで汁70mlを加えて火を止める。

3 パスタがゆで上がる直前に強火にかけ、ソースを沸騰させる。バターを加えて、少しかたまりが残るくらいまで溶かす。完全に溶ける前にパスタを加えるとソースが乳化しやすくなり、まろやかな口当たりに仕上がる。

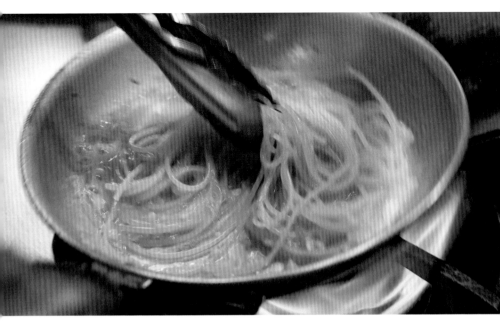

4 パスタがゆで上がったら湯をきり、フライパンに加える。パスタをソースの中で煮ながら、ソースはとろりとするまで、強火のままフライパンをゆすって煮詰め、パスタとからめる。水分が少なければゆで汁を加える。

5 適度な量のとろみのあるソースになっていればOK。味見をして足りなければ塩を加える。器に盛り、ペコリーノチーズをパスタが隠れるくらいふり、こしょうをふる。

カチョエペペズッキーニ

バターの風味とチーズのコクを楽しめるシンプルパスタに、歯応えのあるズッキーニをプラスしました。枝豆など好みの野菜を加えてもよいです。

材料（1人分）

パスタ — 80g

ズッキーニ — 1/4本

にんにくオイル漬け (p.156)
　— 小さじ 1

EVオリーブオイル — 大さじ 1

無塩バター — 20g

ペコリーノチーズのすりおろし
　— 適量

塩 — 適量

粗挽き黒こしょう — 適量

作り方

1　鍋に 2ℓ の湯を沸かし、塩大さじ 1 強とパスタを加え、中火で袋の表示より 1 分短くゆで始める（p.12のパスタのゆで方参照）。ズッキーニは半月切りにする。

2　ソースを作る。フライパンにオリーブオイル、にんにくオイル漬け、ズッキーニを入れて中火で炒め、香りが立ったらパスタのゆで汁70mℓを加えて火を止める。パスタがゆで上がる直前に強火にかけ、ソースを沸騰させてバターを加える。

3　パスタがゆで上がったら湯をきり、2のフライパンに加える。フライパンをゆすってソースを煮詰め、全体にからめる。水分が少なければパスタのゆで汁を加え、味見をして足りなければ塩を加える。

4　器に盛り、ペコリーノチーズをパスタが隠れるくらいふり、こしょうをふる。

からすみアスパラ

バターとたっぷりのからすみパウダーで、ちょっと贅沢な
パスタが作れます。アスパラガスの代わりにブロッコリー
を使ってもおいしいです。

材料（1人分）

パスタ — 80g

アスパラガス — 1本

からすみパウダー — 10g

にんにくオイル漬け (p.156)
　— 小さじ1

EVオリーブオイル — 大さじ1

無塩バター — 20g

塩 — 適量

作り方

1 鍋に2ℓの湯を沸かし、塩大さじ1強とパ
スタを加え、中火で袋の表示より1分短く
ゆで始める（p.12のパスタのゆで方参照）。

2 アスパラガスは根元のかたい部分を切り落
として4～5cm長さの斜め切りにし、ざる
などに入れ、1の鍋で1分ゆでて取り出す。

3 ソースを作る。フライパンにオリーブオイ
ル、にんにくオイル漬けを入れて中火にか
け、香りが立ったらパスタのゆで汁70mℓ
を加えて火を止める。パスタがゆで上がる
直前に強火にかけ、ソースを沸騰させてバ
ターを加える。

4 パスタがゆで上がったら湯をきり、3のフ
ライパンに加える。アスパラも加えて強火
にし、フライパンをゆすってソースを煮詰
め、全体にからめる。水分が少なければパ
スタのゆで汁を加え、味見をして足りなけ
れば塩を加える。

5 器に盛り、からすみパウダーをふる。

明太子しいたけ

しいたけは香ばしく火を通し、明太子は風味が飛ばないように火を止めた後に加えます。バターの豊かな香りが全体の味をひとつにまとめてくれます。

材料（1人分）

パスター — 80g

明太子 — 30g

しいたけ — 2個

にんにくオイル漬け (p.156)

　— 小さじ1

EVオリーブオイル — 大さじ1

無塩バター — 20g

塩 — 適量

粗挽き黒こしょう — 適量

作り方

1　鍋に2ℓの湯を沸かし、塩大さじ1強とパスタを加え、中火で袋の表示より1分短くゆで始める（p.12のパスタのゆで方参照）。しいたけは軸を除き、4つ切りにする。明太子は薄皮に切り目を入れ、スプーンなどで中身をこそげる。

2　ソースを作る。フライパンにオリーブオイル、にんにくオイル漬け、しいたけを入れて中火で炒め、香りが立ったらパスタのゆで汁70㎖を加え火を止める。パスタがゆで上がる直前に強火にかけ、ソースを沸騰させてバターを加える。

3　パスタがゆで上がったら湯をきり、2のフライパンに加える。フライパンをゆすってソースを煮詰め、全体にからめる。水分が少なければパスタのゆで汁を加える。味見をして足りなければ塩を加えて火を止める。

4　明太子を加えてざっと混ぜ、器に盛り、こしょうをふる。

ほたてとうもろこし

バターと相性の良い食材、ほたてととうもろこしを使い、
コクのあるやさしい味わいに。ほたては半生に仕上げて甘
みを引き出します。

材料（1人分）

パスタ ― 80g
ほたて（刺身用）― 3個
とうもろこし ― 1/8本
アンチョビペースト
　― 小さじ1と1/2
にんにくオイル漬け（p.156）
　― 小さじ1
EVオリーブオイル ― 大さじ1
無塩バター ― 20g
塩 ― 適量
イタリアンパセリのみじん切り
　― 適量
粗挽き黒こしょう ― 適量

作り方

1　鍋に2ℓの湯を沸かし、塩大さじ1強とパ
スタを加え、中火で袋の表示より1分短く
ゆで始める（p.12のパスタのゆで方参照）。

2　とうもろこしは1の鍋で2分ゆでて取り出
し、実をはずす。ほたては半分に切って厚
みも半分に切る。

3　ソースを作る。フライパンにオリーブオイ
ル、にんにくオイル漬け、アンチョビペー
ストを入れて中火にかけ、香りが立ったら
とうもろこしとパスタのゆで汁70mlを加
えて火を止める。パスタがゆで上がる直前
に強火にかけ、ソースを沸騰させてバター
を加える。

4　パスタがゆで上がったら湯をきり、3のフ
ライパンに加える。フライパンをゆすって
ソースを煮詰め、全体にからめる。ほたて、
イタリアンパセリの半量を加えてさっと混
ぜる。水分が少なければパスタのゆで汁を
加え、味見をして足りなければ塩を加える。

5　器に盛り、残りのイタリアンパセリとこし
ょうをふる。

納豆しらす大葉

バターとしょうゆの風味が絶妙に香る納豆パスタ。納豆は
ひきわりを使うことでパスタとからみやすくなります。し
らすと大葉の香りがアクセントです。

材料（1人分）

パスタ — 80g

納豆（ひきわり）— 小1パック（40g）

しらす（釜上げ）— 15g

大葉 — 3枚

にんにくオイル漬け（p.156）
　— 小さじ1

EVオリーブオイル — 大さじ1

無塩バター — 20g

しょうゆ — 小さじ2

塩 — 適量

作り方

1　鍋に2ℓの湯を沸かし、塩大さじ1強とパスタを加え、中火で袋の表示より1分短くゆで始める（p.12のパスタのゆで方参照）。

2　ソースを作る。フライパンにオリーブオイル、にんにくオイル漬けを入れて中火にかけ、香りが立ったらしょうゆを加えて少し焦がし、パスタのゆで汁70㎖、納豆、しらすを加えて火を止める。パスタがゆで上がる直前に強火にかけ、ソースを沸騰させてバターを加える。

3　パスタがゆで上がったら湯をきり、2のフライパンに加える。フライパンをゆすってソースを煮詰め、全体にからめる。水分が少なければパスタのゆで汁を加える。大葉を大きくちぎって加えて混ぜ、味見をして足りなければ塩を加える。

トマトベースのパスタ

TOMATO BASED PASTA

ニューハナイではトマトソースは作りおきせずに、1人分ずつトマト水煮缶を撹拌したものをその場で煮詰めて、仕上げています。
トマトのフレッシュな甘みや酸味をほどよくいかし、最後に塩で調整します。
トマト缶は、1缶まとめて撹拌しておくと、すぐに使えて便利です。

基本のトマトベースパスタ

アラビアータベーコン

唐辛子の辛味を効かせたシンプルなトマトソースパスタ、
アラビアータ。トマト水煮缶を煮詰めたソースにパスタを
加え、フライパンをゆすってからめていきます。

材料（1人分）

パスタ ― 80g

ホールトマト缶 ― 100g

ベーコン（1cm四方の棒状に切ったもの）― 30g

にんにくオイル漬け（p.156）― 小さじ1

赤唐辛子（種を除き、1/2本は輪切りにする）― 1本

EVオリーブオイル ― 適量

塩 ― 適量

粗挽き黒こしょう ― 適量

1 トマト缶はフードプロセッサーで撹拌する。トマトは撹拌することでソー
スの口当たりがなめらかになる。フードプロセッサーがない場合は手やト
ングで潰す。パスタをゆで始める（p.12のパスタのゆで方参照）。

2 ソースを作る。フライパンにオリーブオイル大さじ1を入れて中火にかけ、ベーコンを焼く。脂が出てきたら、にんにくオイル漬け、唐辛子を加える。

3 にんにくの香りが立ったら、攪拌したトマト缶を加えて水分が2割ほどなくなるまで2分ほど煮て、にんにくやベーコンの風味をトマトソースになじませる。

4 パスタがゆで上がったら湯をきり、フライパンに加え、強火にかける。パスタをソースの中で煮ながら、ソースはとろりとするまでフライパンをゆすって煮詰め、パスタとからめる。水分が少なければゆで汁を加える。

5 全体をさらに混ぜて乳化させ、香りをつけるためにオリーブオイル小さじ1を加えて混ぜ、仕上げる。味見をして足りなければ塩を加える。器に盛り、こしょうをふる。

アラビアータしらす

基本のアラビアータに、しらすの塩けと旨味を加えてアレンジしました。しらすの代わりにえびや牡蠣を使うと、また違った味わいが生まれます。

材料（1人分）

パスタ ― 80g

ホールトマト缶 ― 100g

ミニトマト ― 2個

しらす（釜揚げ）― 15g

にんにくオイル漬け (p.156)
　― 小さじ1

赤唐辛子（種を除いたもの）― 1本

EVオリーブオイル ― 適量

塩 ― 適量

粗挽き黒こしょう ― 適量

作り方

1 鍋に2ℓの湯を沸かし、塩大さじ1強とパスタを加え、中火で袋の表示より1分短くゆで始める（p.12のパスタのゆで方参照）。

2 ミニトマトは横半分に切る。トマト缶はフードプロセッサーで攪拌する。

3 ソースを作る。フライパンにオリーブオイル大さじ1、にんにくオイル漬け、唐辛子を入れて中火にかけ、香りが立ったら2と、しらすを入れて2分ほど煮る。

4 パスタがゆで上がったら湯をきり、3のフライパンに加える。強火にし、ソースを吸わせるようにフライパンをゆすって全体にからめ、水分が少なければパスタのゆで汁を加える。オリーブオイル小さじ1を加えて混ぜ、味見をして足りなければ塩を加える。

5 器に盛り、こしょうをふる。

カリオストロの城

人気アニメ映画「ルパン三世 カリオストロの城」に登場するミートボールがたっぷり入ったパスタを再現した、ニューハナイの名物パスタ。ボリューム満点です。

材料（1人分）

パスタ — 80g

ホールトマト缶 — 100g

ミートボール（アルボンディガス〈p.154〉）— 6個

赤唐辛子の輪切り — 5切れ

にんにくオイル漬け（p.156）— 小さじ1

EVオリーブオイル — 適量

塩 — 適量

粗挽き黒こしょう — 適量

作り方

1　鍋に2ℓの湯を沸かし、塩大さじ1強とパスタを加え、中火で袋の表示より1分短くゆで始める（p.12のパスタのゆで方参照）。

2　トマト缶はフードプロセッサーで攪拌する。

3　ソースを作る。フライパンにオリーブオイル大さじ1、にんにくオイル漬け、唐辛子を入れて中火にかけ、香りが立ったら2とミートボールを加えて2分ほど煮る。

4　パスタがゆで上がったら湯をきり、3のフライパンに加える。強火にし、ソースを吸わせるようにフライパンをゆすって全体にからめ、水分が少なければパスタのゆで汁を加える。オリーブオイル小さじ1を加えて混ぜ、味見をして足りなければ塩を加える。

5　器に盛り、こしょうをふる。

アマトリチャーナ

本場イタリアでは豚ほほ肉の塩漬けとペコリーノチーズを
使いますが、ベーコンとパルミジャーノチーズでアレンジ。
バターでコクをプラスしています。

材料（1人分）

パスタ ― 80g

ホールトマト缶 ― 100g

ベーコン ― 30g

玉ねぎオイル煮 (p.156) ― 20g

にんにくオイル漬け (p.156)
　― 小さじ1

EVオリーブオイル ― 大さじ1

無塩バター ― 15g

塩 ― 適量

［仕上げ］

パルミジャーノチーズの
　すりおろし ― 少々

粗びき黒こしょう ― 適量

作り方

1　鍋に2ℓの湯を沸かし、塩大さじ1強とパスタを加え、中火で袋の表示より1分短くゆで始める（p.12のパスタのゆで方参照）。

2　トマト缶はフードプロセッサーで撹拌する。ベーコンは1cm四方の棒状に切る。

3　ソースを作る。フライパンにオリーブオイルを入れて中火にかけ、ベーコンを焼く。脂が出てきたらにんにくオイル漬けを加えて、香りが立ったら2のトマト缶と玉ねぎオイル煮を加えて2分ほど煮る。

4　パスタがゆで上がったら湯をきり、3のフライパンに加える。強火にし、ソースを吸わせるようにフライパンをゆすって全体にからめ、バターを加えて混ぜ、味見をして足りなければ塩を加える。

5　器に盛り、仕上げのパルミジャーノチーズとこしょうをふる。

いかすみ

いかすみの複雑な旨味が溶けたトマトソースがほどよくか
らみ、いか自体の味も楽しめる黒いパスタ。いかすみペー
ストを使えば手軽に作れます。

材料（1人分）

パスタ ― 80g

ホールトマト缶 ― 100g

いか（するめいかややりいかなど
　好みのもの）― 小1ぱい（40g）

にんにくオイル漬け（p.156）
　― 小さじ1

アンチョビペースト
　― 小さじ1と1/2

いかすみペースト ― 小さじ1

EVオリーブオイル ― 適量

塩 ― 適量

バジルの葉 ― 1枚

作り方

1　いかは足をわたごと引き抜き、胴の内側の
　軟骨を引き抜いて胴の中を洗い、ペーパー
　タオルで拭く。足は目の下に包丁を入れて
　足とわたを切り落とし、くちばしは指で取
　り除く。胴の部分は1cm幅の輪切りにし、
　足は食べやすく切り分ける。

2　鍋に2ℓの湯を沸かし、塩大さじ1強とパ
　スタを加え、中火で袋の表示より1分短く
　ゆで始める（p.12のパスタのゆで方参照）。

3　トマト缶はフードプロセッサーで攪拌する。

4　ソースを作る。フライパンにオリーブオイ
　ル大さじ1、にんにくオイル漬けを入れて
　中火にかけ、香りが立ったら1、3、アン
　チョビペースト、いかすみペーストを加え
　て2分ほど煮る。

5　パスタがゆで上がったら湯をきり、4のフ
　ライパンに加える。強火にし、ソースを吸わ
　せるようにフライパンをゆすって全体にか
　らめ、水分が少なければパスタのゆで汁を
　加える。オリーブオイル小さじ1を加えて
　混ぜ、味見をして足りなければ塩を加える。

6　器に盛り、バジルを大きくちぎってのせる。

いかすみペースト
いかすみに塩を加えペースト状
にしたもの。小分けになってい
る商品もあり、使いやすく、本
格的な味わいの料理が手軽に作
れます。

鶏煮込み

鶏もも肉の煮込みを作っておけばトマト缶に合わせて少し
煮るだけでOK。パスタに鶏肉とソースの風味を十分に吸
わせるのがポイントです。

材料（1人分）

パスタ ― 80g

ホールトマト缶 ― 100g

鶏もも煮込み (p.158) ― 80g

にんにくオイル漬け (p.156)
　― 小さじ1

EVオリーブオイル ― 適量

塩 ― 適量

[仕上げ]

イタリアンパセリの粗みじん切り
　― ひとつまみ

粗挽き黒こしょう ― 適量

作り方

1　鍋に2ℓの湯を沸かし、塩大さじ1強とパスタを加え、中火で袋の表示より1分短くゆで始める（p.12のパスタのゆで方参照）。

2　トマト缶はフードプロセッサーで攪拌する。

3　ソースを作る。フライパンにオリーブオイル大さじ1、にんにくオイル漬けを入れて中火にかけ、香りが立ったら2と鶏もも煮込みを加えて2分ほど煮る。

4　パスタがゆで上がったら湯をきり、3のフライパンに加える。強火にし、ソースを吸わせるようにフライパンをゆすって全体にからめ、水分が少なければパスタのゆで汁を加える。オリーブオイル小さじ1を加えて混ぜ、味見をして足りなければ塩を加える。

5　器に盛り、仕上げのイタリアンパセリとこしょうをふる。

ホタルいかほうれん草

春の訪れを感じさせる、プリッとした食感のホタルいかと
ほうれん草をトマトソースに合わせて。見た目も味わいも
豊かなパスタになります。

材料（1人分）

パスタ ― 80g

ホールトマト缶 ― 100g

ホタルいか ― 7はい (30g)

ほうれん草 ― 1株

にんにくオイル漬け (p.156)
　 ― 小さじ1

EVオリーブオイル ― 適量

塩 ― 適量

粗挽き黒こしょう ― 適量

作り方

1 トマト缶はフードプロセッサーで攪拌する。ホタルいかは目玉、くちばし、軟骨を取り除く（p.29参照）。

2 鍋に2ℓの湯を沸かし、塩大さじ1強とパスタを加え、中火で袋の表示より1分短くゆで始める（p.12のパスタのゆで方参照）。ほうれん草は3〜4cm長さに切り、ざるなどに入れ、同じ鍋で1分ゆでて取り出す。

3 ソースを作る。フライパンにオリーブオイル大さじ1、にんにくオイル漬けを入れて中火にかけ、香りが立ったら1とほうれん草を加えて2分ほど煮る。

4 パスタがゆで上がったら湯をきり、3のフライパンに加える。強火にし、ソースを吸わせるようにフライパンをゆすって全体にからめ、水分が少なければパスタのゆで汁を加える。オリーブオイル小さじ1を加えて混ぜ、味見をして足りなければ塩を加える。

5 器に盛り、こしょうをふる。

夏野菜

素揚げにすることで色が鮮やかになり、おいしさもアップ
したカラフルな野菜を数種類加えて、夏を味わうトマトベ
ースパスタに仕上げました。

材料（1人分）

パスタ — 80g
ホールトマト缶 — 100g
ズッキーニ — 1/2本
なす — 横1/2本
とうもろこし — 1/8本
にんにくオイル漬け（p.156）
　 — 小さじ1
揚げ油 — 適量
EVオリーブオイル — 適量
塩 — 適量

［仕上げ］
バジルの葉 — 2枚
粗挽き黒こしょう — 適量

作り方

1　トマト缶はフードプロセッサーで撹拌する。ズッキーニ、なすは1cm厚さの輪切りにする。揚げ油を中温（170℃）に熱して、ズッキーニとなすを入れ、やわらかくなるまで素揚げにし、取り出して油をきる。

2　鍋に2ℓの湯を沸かし、塩大さじ1強とパスタを加え、中火で袋の表示より1分短くゆで始める（p.12のパスタのゆで方参照）。

3　とうもろこしは2の鍋で2分ゆでて取り出し、実をはずす。

4　ソースを作る。フライパンにオリーブオイル大さじ1、にんにくオイル漬けを入れて中火にかけ、香りが立ったら1のトマト缶を加えて2分ほど煮る。1のズッキーニとなす、3を加えてさっと煮る。

5　パスタがゆで上がったら湯をきり、4のフライパンに加える。強火にし、ソースを吸わせるようにフライパンをゆすって全体にからめ、水分が少なければパスタのゆで汁を加える。オリーブオイル小さじ1を加えて混ぜ、味見をして足りなければ塩を加える。

6　器に盛り、仕上げのバジルを大きくちぎってのせ、こしょうをふる。

ミートソースモッツァレラ

豚ひき肉とトマト、玉ねぎをベースに、しょうゆや赤ワインを加えて作るミートソース。ひき肉を使わずに、かたまり肉をみじん切りにして作っても、よりおいしく作れます。

材料（1人分）
パスタ — 80g
ミートソース（下記参照）— 150g
ホールトマト缶 — 50g
モッツァレラチーズ — 40g
無塩バター — 10g
塩 — 適量
粗挽き黒こしょう — 適量

作り方

1　鍋に2ℓの湯を沸かし、塩大さじ1強とパスタを加え、中火で袋の表示より1分短くゆで始める（p.12のパスタのゆで方参照）。

2　トマト缶はフードプロセッサーで攪拌する。

3　フライパンにミートソース、2、水大さじ2を入れて中火にかけ、2分ほど煮る。

4　パスタがゆで上がったら湯をきり、3に加える。強火にし、ソースを吸わせるようにフライパンをゆすって全体にからめ、バターを加えて混ぜる。味見をして足りなければ塩を加える。

5　モッツァレラチーズをちぎって加え、さっと混ぜる。器に盛り、こしょうをふる。

ミートソース

材料（作りやすい分量）
豚ひき肉（赤身多め、粗挽きのもの）
　— 600g
ホールトマト缶 — 400g
にんにくオイル漬け（p.156）
　— 大さじ3
玉ねぎのオイル煮（p.156）— 70g
しょうゆ — 大さじ3
赤ワイン — 大さじ2
砂糖 — 大さじ4
乾燥オレガノ — 小さじ2
EVオリーブオイル — 大さじ1
塩 — 小さじ1/2

作り方

1　トマト缶はフードプロセッサーで攪拌する。

2　鍋にオリーブオイルとにんにくオイル漬けを入れて中火にかけ、香りが立ったら1と残りの材料を加えてよく混ぜる。時々かき混ぜながらとろみが出るまで20分ほど煮詰める。

＊保存容器に入れ、冷蔵で5日保存可能

＊豚ひき肉の代わりに豚肩ロースかたまり肉450gと豚バラかたまり肉150gを5mm角に切ったものを使うと、よりおいしい。

さんま

秋の味覚、さんまは皮目から焼くことで臭みが消え、トマトソースとよくマッチします。さんまの食感をほどよく残すよう、先に焼いて取り出しておきます。

材料（1人分）

パスタ ― 80g

ホールトマト缶 ― 100g

さんま（3枚におろしたもの）
　― 1切れ

にんにくオイル漬け (p.156)
　― 小さじ1

EVオリーブオイル ― 適量

塩 ― 適量

［仕上げ］

イタリアンパセリの粗みじん切り
　― ひとつまみ

粗挽き黒こしょう ― 適量

作り方

1　トマト缶はフードプロセッサーで撹拌する。さんまは一口大に切る。フライパンにオリーブオイル少々を入れて中火にかけ、さんまを皮目から入れて両面をこんがりするまで焼き、取り出す。

2　鍋に2ℓの湯を沸かし、塩大さじ1強とパスタを加え、中火で袋の表示より1分短くゆで始める（p.12のパスタのゆで方参照）。

3　ソースを作る。1のフライパンをきれいにして、オリーブオイル大さじ1、にんにくオイル漬けを入れて中火にかけ、香りが立ったら1のトマト缶を加えて2分ほど煮る。さんまを加えてさっと煮る。

4　パスタがゆで上がったら湯をきり、3のフライパンに加える。強火にし、ソースを吸わせるようにフライパンをゆすって全体にからめ、水分が少なければパスタのゆで汁を加える。オリーブオイル小さじ1を加えて混ぜ、味見をして足りなければ塩を加える。

5　器に盛り、仕上げのイタリアンパセリをのせ、こしょうをふる。

トマトバジリコ モッツァレラ

トマト、バジル、モッツァレラチーズというイタリア料理の鉄板食材を組み合わせたパスタです。いつ食べても飽きない、風味豊かな安定のおいしさです。

材料（1人分）

パスタ — 80g

ホールトマト缶 — 100g

モッツァレラチーズ — 40g

にんにくオイル漬け (p.156)
　— 小さじ1

赤唐辛子の輪切り — 5切れ

塩 — 適量

EVオリーブオイル — 適量

バジルの葉 — 2枚

粗挽き黒こしょう — 適量

作り方

1　鍋に2ℓの湯を沸かし、塩大さじ1強とパスタを加え、中火で袋の表示より1分短くゆで始める（p.12のパスタのゆで方参照）。

2　トマト缶はフードプロセッサーで攪拌する。

3　ソースを作る。フライパンにオリーブオイル大さじ1、にんにくオイル漬け、唐辛子を入れて中火にかけ、香りが立ったら2を加えて2分ほど煮る。

4　パスタがゆで上がったら湯をきり、3のフライパンに加える。強火にし、ソースを吸わせるようにフライパンをゆすって全体にからめ、水分が少なければパスタのゆで汁を加える。モッツァレラチーズをちぎって加え、オリーブオイル小さじ1を加えて混ぜる。味見をして足りなければ塩を加える。

5　器に盛り、バジルを大きくちぎってのせ、こしょうをふる。

プッタネスカ

アンチョビやオリーブ、ケッパーなどを使ったイタリア・ナポリの名物「娼婦風」パスタ。カリカリパン粉を加えてワインも進む一皿に仕上げます。

材料（1人分）

パスタ ― 80g

ホールトマト缶 ― 100g

黒オリーブ（種抜き）― 5個

ケッパー ― 10粒

にんにくオイル漬け（p.156）
　　― 小さじ1

アンチョビペースト
　　― 小さじ1と1/2

EVオリーブオイル ― 適量

塩 ― 適量

［仕上げ］

イタリアンパセリの粗みじん切り
　　― 適量

カリカリパン粉（下記参照）
　　― バゲット1切れ分

粗挽き黒こしょう ― 適量

作り方

1　鍋に2ℓの湯を沸かし、塩大さじ1強とパスタを加え、中火で袋の表示より1分短くゆで始める（p.12のパスタのゆで方参照）。

2　トマト缶はフードプロセッサーで攪拌する。

3　ソースを作る。フライパンにオリーブオイル大さじ1、にんにくオイル漬けを入れて中火にかけ、香りが立ったら2、オリーブ、ケッパー、アンチョビペーストを加えて2分ほど煮る。

4　パスタがゆで上がったら湯をきり、3のフライパンに加える。強火にし、ソースを吸わせるようにフライパンをゆすって全体にからめ、水分が少なければパスタのゆで汁を加える。オリーブオイル小さじ1を加えて混ぜ、味見をして足りなければ塩を加える。

5　器に盛り、仕上げのイタリアンパセリ、カリカリパン粉、こしょうをふる。

カリカリパン粉

材料と作り方（作りやすい分量）

1　バゲット（市販品）適量を薄切りにし、オーブンの天板に並べる。

2　オーブンを200℃に予熱し、1を入れ、バゲットがカリカリの状態になるまで5分焼く。天板ごと取り出し、粗熱を取り、手で細かく砕く。

＊乾燥剤を入れた保存用袋に入れ、常温で7日保存可能

白子九条ねぎトマト

白子が出回る時期になったら、白子のオイル漬けを作って
おくと便利。オイル漬けはそのままでもおいしく食べられ、
季節の味を存分に堪能できます。

材料（1人分）

パスタ ― 80g
ホールトマト缶 ― 100g
白子オイル漬け（下記参照）― 80g
九条ねぎ ― 1本
にんにくオイル漬け（p.156）
　― 小さじ1
EVオリーブオイル ― 適量
塩 ― 適量
粗挽き黒こしょう ― 適量

作り方

1　鍋に2ℓの湯を沸かし、塩大さじ1強とパ
　スタを加え、中火で袋の表示より1分短く
　ゆで始める（p.12のパスタのゆで方参照）。

2　トマト缶はフードプロセッサーで攪拌する。
　九条ねぎは3～4cm長さに切る。

3　ソースを作る。フライパンにオリーブオイ
　ル大さじ1、にんにくオイル漬けを入れて
　中火にかけ、香りが立ったら2のトマト缶
　を加えて2分ほど煮る。白子、九条ねぎを加
　えてさっと煮る。

4　パスタがゆで上がったら湯をきり、3のフ
　ライパンに加える。強火にし、ソースを吸わ
　せるようにフライパンをゆすって全体にか
　らめ、水分が少なければパスタのゆで汁を
　加える。オリーブオイル小さじ1を加えて
　混ぜ、味見をして足りなければ塩を加える。

5　器に盛り、こしょうをふる。

白子オイル漬け

材料（作りやすい分量）
白子 ― 100g
塩 ― ひとつまみ
EVオリーブオイル ― 適量

作り方

1　白子は水で洗って一口大に切る。塩水（分量
　外）でそっと洗い、バットに並べ、塩をふっ
　て30分おき、ペーパータオルで水けを拭く。

2　厚手の鍋に入れ、オリーブオイルをひたひた
　になるくらいまで注ぎ、弱めの中火にかける。
　さっと煮て、白子がふっくらしたら火を止め、
　そのまま1時間ほどおいて冷ます。保存容器
　にオイルごと入れる。
　＊冷蔵で5日保存可能

白子
魚介類の精巣で、今回
はよく出回っているた
らの白子を使っていま
す。傷みやすい白子は
オイル漬けにしておく
とおいしさ長持ち。そ
のままおつまみとして
も食べられます。

たこ

トマトソースにたこの煮込みと煮汁、オリーブやケッパー
も加えることで、旨味が増した味わい深いパスタになりま
す。たこのプリプリとした食感も楽しめます。

材料（1人分）

パスタ — 80g

ホールトマト缶 — 100g

たこ煮込み (p.158)
　— 5切れ (50g)

たこ煮込みの煮汁 (p.158)
　— 大さじ1

黒オリーブ (種抜き) — 5個

ケッパー — 10粒

にんにくオイル漬け (p.156)
　— 小さじ1

EVオリーブオイル — 適量

塩 — 適量

粗挽き黒こしょう — 適量

作り方

1　鍋に2ℓの湯を沸かし、塩大さじ1強とパ
スタを加え、中火で袋の表示より1分短く
ゆで始める（p.12のパスタのゆで方参照）。

2　トマト缶はフードプロセッサーで撹拌する。

3　ソースを作る。フライパンにオリーブオイ
ル大さじ1、にんにくオイル漬けを入れて
中火にかけ、香りが立ったら2、たこ煮込
み、たこ煮込みの煮汁、オリーブ、ケッパ
ーを加えて2分ほど煮る。

4　パスタがゆで上がったら湯をきり、3のフ
ライパンに加える。強火にし、ソースを吸わ
せるようにフライパンをゆすって全体にか
らめ、水分が少なければパスタのゆで汁を
加える。オリーブオイル小さじ1を加えて
混ぜ、味見をして足りなければ塩を加える。

5　器に盛り、こしょうをふる。

トマトソースの作り方

ニューハナイではそのつど撹拌したトマト缶を煮詰めてソースにしていますが、ご家庭なら、トマトソースはまとめて作っておくと便利です。パスタを作る場合はフライパンにソースと具材を入れて火にかけ、ゆでたパスタを加えて加熱しながらからめればでき上がりです。

材料（作りやすい分量）

ホールトマト缶 — 400g
にんにくオイル漬け (p.156)
　— 小さじ4
EVオリーブオイル — 50mℓ
塩 — 小さじ3/4

＊粗熱をとって保存容器
に入れ、冷蔵で5日保
存可能

1 トマト缶は、フードプロセッサーで撹拌する。

2　フライパンにオリーブオイル、にんにくオイル漬けを入れて中火にかける。

3　香りが立ったら1、塩を加えて混ぜ、沸騰したら弱火にして5分煮る。

経堂のこと

「ニューハナイ」は東京の世田谷区経堂にあります。小田急線の急行で新宿から経堂駅まで約12分という便利な立地でありながら、緑が多く、駅の南北に商店街がのびる、庶民的な雰囲気が漂う親しみやすい街です。学校も多いので、子供からお年寄りまで幅広い世代の方が集い、活気があります。

この街にお店を出して7年。「なぜ経堂に？」と問われたら、「たまたま物件があったから」と答えていますが、当時住んでいた仙川（調布市）からも近く、なんとなく良さそうな街だなという印象がありました。最初のお店は駅から少し離れた、カウンターバーのようなところでした。開店して3年ほど経った頃、常連のお客様から現在の物件が空いたことを教えてもらい、移転しました。駅からほど近い商店街の通り沿いのビルの2階で、席数が増えました。派手な看板はありませんが、落ち着いた雰囲気で食事を楽しんでいただけると思います。

その後、Instagramをはじめて、料理の写真をアップしはじめたところ、地元のお客様にプラスして、遠方からわざわざ足を運んでくださる方も増えました。驚きとともに感謝の気持ちでいっぱいです。

経堂は個人経営のおいしい飲食店が多く、お店同士のつながりも深い街です。僕も仲良くさせてもらっていて、お互いのお店に食べに行ったり来てもらったり、一緒にイベントを開催したりして、交流しています。信頼できる目利きの魚屋さんもあり、ぶらぶらと買い物をするのも楽しいです。

「ニューハナイ」は、経堂ではまだまだ新しい部類のお店に入ると思いますが、これからできる限り続けて、もっと街になじみながら独自の魅力を放っていきたいです。

クリームベースのパスタ

CREAM BASED PASTA

ニューハナイのクリームパスタ
はホワイトソースを作るのでは
なく、生クリームのみを使って、
まろやかで、重くなり過ぎない
ように仕上げます。
クリームベースの濃度を調整し
たい時にはパスタのゆで汁を加
え、その後パスタを加えたら、
強火で加熱しながら全体にから
めます。

基本のクリームベースパスタ

牡蠣ほうれん草

寒い季節の鉄板の組み合わせ、牡蠣とほうれん草のクリームパスタ。煮詰めた生クリームのベースに牡蠣のオイル漬けを加えてスピーディーに仕上げます。

材料（1人分）

パスタ — 80g

牡蠣オイル漬け（p.157）— 3個

ほうれん草（4cm長さに切ったもの）— 1株分

にんにくオイル漬け（p.156）— 小さじ1

アンチョビペースト — 小さじ1と1/2

生クリーム — 70㎖

EVオリーブオイル — 大さじ1

塩 — 適量

粗挽き黒こしょう — 適量

1 パスタをゆで始める（p.12のパスタのゆで方参照）。ほうれん草をざるなどに入れ、同じ鍋で1分ゆでて取り出す。ソースを作る。フライパンにオリーブオイル、にんにくオイル漬け、アンチョビペーストを入れて中火にかける。

2 にんにくの香りが立ったら、生クリームを一気に加えて沸騰するまで加熱する。パスタを加えたときに混ぜるので、ここではソースを混ぜたりしなくてよい。

3 ゆでたほうれん草と牡蠣を加え、ソースの水分が2割ほどなくなるまで2分ほど煮て、ほうれん草と牡蠣の風味をソースになじませる。煮詰まり過ぎたら、パスタのゆで汁を加えて調整する。

4 パスタがゆで上がったら湯をきり、フライパンに加え、強火にかける。パスタをソースの中で煮ながら、ソースはとろりとするまでフライパンを揺すって煮詰め、パスタとからめる。水分が少なければゆで汁を加える。

5 適度な量のとろみのあるソースになっていればOK。味見をして足りなければ塩を加える。牡蠣を潰さないように注意しながら器に盛り、こしょうをふる。

カルボナーラ

卵黄と生クリームを使った、クリーミーでさらっとした軽
さも感じられるカルボナーラです。ほかのクリームパスタ
よりも水分量を気持ち多めにしてから卵黄を加えます。

材料（1人分）

パスタ — 80g
ベーコン（ブロック）— 30g
卵黄 — 1個分
生クリーム — 70㎖
玉ねぎオイル煮 (p.156) — 20g
EVオリーブオイル — 少々
塩 — 適量
粗びき黒こしょう — 適量

作り方

1 鍋に2ℓの湯を沸かし、塩大さじ1強とパ
スタを加え、中火で袋の表示より1分短く
ゆで始める（p.12のパスタのゆで方参照）。
ベーコンは1cm四方の棒状に切る。

2 ソースを作る。フライパンにオリーブオイ
ルを入れて中火にかけ、ベーコンを焼く。
脂が出てきたら、生クリーム、玉ねぎオイ
ル煮を加えて2分ほど煮る。煮詰まり過ぎ
たら、パスタのゆで汁を加えて調整する。

3 パスタがゆで上がったら湯をきり、2のフ
ライパンに加える。強火にし、パスタのゆ
で汁大さじ2を加えて、フライパンをゆす
ってソースをからめ、火を止めて卵黄を加
えてさっと混ぜる。味見をして足りなけれ
ば塩を加える。

4 器に盛り、こしょうをふる。

パスタのゆで汁を加えて水分量を調整し、火を
止めてから卵黄を加え、かたまらないように手
早く混ぜます。

桜えび青のり

桜えびと青のりで作る、香りと彩りが豊かな春らしいパスタです。アンチョビの塩けが効いたやさしいクリームソースがパスタにからみます。

材料（1人分）

パスタ ― 80g

桜えび（釜揚げ） ― 15g

青のり（生） ― 10g

にんにくオイル漬け（p.156）
　　― 小さじ1

アンチョビペースト
　　― 小さじ1と1/2

生クリーム ― 70ml

EVオリーブオイル ― 大さじ1

塩 ― 適量

粗挽き黒こしょう ― 適量

作り方

1　鍋に2ℓの湯を沸かし、塩大さじ1強とパスタを加え、中火で袋の表示より1分短くゆで始める（p.12のパスタのゆで方参照）。

2　ソースを作る。フライパンにオリーブオイル、にんにくオイル漬け、アンチョビペーストを入れて中火にかけ、香りが立ったら生クリーム、青のり、桜えびを加えて、2分ほど煮る。煮詰まり過ぎたら、パスタのゆで汁を加えて調整する。

3　パスタがゆで上がったら湯をきり、2のフライパンに加える。強火にし、フライパンをゆすって全体にからめる。水分が少なければパスタのゆで汁を加え、味見をして足りなければ塩を加える。

4　器に盛り、こしょうをふる。

青のり
天然の青のりは淡水と海水が混じりあう水域に自生していますが、近年は養殖の青のりが主流。生青のりは鮮やかな緑色と磯の香りが特徴で、冷凍したものも通販などでも購入できます。

ホタルいかそら豆

ホタルいかとそら豆にアンチョビをかけ合わせ、クリーム
ソースでまとめ上げた一品です。まろやかさの中にも奥深
い味わいを感じられます。

材料（1人分）

パスタ ― 80g

ホタルいか ― 7はい （30g）

そら豆 ― 5粒

にんにくオイル漬け （p.156）
　― 小さじ1

アンチョビペースト
　― 小さじ1と1/2

生クリーム ― 70mℓ

EVオリーブオイル ― 大さじ1

塩 ― 適量

粗挽き黒こしょう ― 適量

作り方

1　鍋に2ℓの湯を沸かし、塩大さじ1強とパ
　スタを加え、中火で袋の表示より1分短く
　ゆで始める（p.12のパスタのゆで方参照）。

2　ホタルいかは目玉、くちばし、軟骨を取り
　除く（P.29参照）。そら豆はざるなどに
　入れ、1の鍋で1分ゆでて取り出す。

3　ソースを作る。フライパンにオリーブオイ
　ル、にんにくオイル漬け、アンチョビペー
　ストを入れて中火にかけ、香りが立ったら
　生クリームと2を加えて2分ほど煮る。煮
　詰まり過ぎたら、パスタのゆで汁を加えて
　調整する。

4　パスタがゆで上がったら湯をきり、3のフ
　ライパンに加える。強火にし、フライパン
　をゆすって全体にからめる。水分が少なけ
　ればパスタのゆで汁を加え、味見をして足
　りなければ塩を加える。

5　器に盛り、こしょうをふる。

たこレモン

アンチョビの旨味にフレッシュなレモン汁を加え、軽やか
なクリームソースのパスタに。たこの食感とさわやかなレ
モンの風味がいかされています。

材料（1人分）

パスタ —80g

たこ煮込み (p.158)

　—5切れ (50g)

にんにくオイル漬け (p.156)

　—小さじ1

アンチョビペースト

　—小さじ1と1/2

生クリーム —70ml

レモン —1/4個

EVオリーブオイル—大さじ1

塩 —適量

粗挽き黒こしょう —適量

作り方

1　鍋に2ℓの湯を沸かし、塩大さじ1強とパスタを加え、中火で袋の表示より1分短くゆで始める（p.12のパスタのゆで方参照）。

2　ソースを作る。フライパンにオリーブオイル、にんにくオイル漬け、アンチョビペーストを入れて中火にかけ、香りが立ったら生クリームとたこ煮込みを加えて2分ほど煮る。煮詰まり過ぎたら、パスタのゆで汁を加えて調整する。

3　パスタがゆで上がったら湯をきり、2のフライパンに加える。レモン汁を搾って加え、好みで搾ったあとのレモンも加える。強火にし、フライパンをゆすって全体にからめる。水分が少なければパスタのゆで汁を加え、味見をして足りなければ塩を加える。

4　器に盛り、こしょうをふる。

蒸し鶏長ねぎしょうゆ

あっさりとしたささ身の蒸し鶏を使ったちょっと和風のパスタ。クリームソースにしょうゆを加え、少し焦がして香りを出すのがポイントです。

材料（1人分）

パスタ ― 80g

蒸しささ身 (p.159) ― 30g

長ねぎ ― 1/5本

にんにくオイル漬け (p.156)
　― 小さじ1

生クリーム ― 70㎖

EVオリーブオイル ― 大さじ1

しょうゆ ― 小さじ2

塩 ― 適量

粗挽き黒こしょう ― 適量

作り方

1　鍋に2ℓの湯を沸かし、塩大さじ1強とパスタを加え、中火で袋の表示より1分短くゆで始める（p.12のパスタのゆで方参照）。長ねぎは3〜4cm長さの斜め切りにする。

2　ソースを作る。フライパンにオリーブオイル、にんにくオイル漬け、長ねぎを入れて中火にかけ、香りが立ったらしょうゆを加えて少し焦がす。生クリームと蒸しささ身を加えて2分ほど煮る。煮詰まり過ぎたら、パスタのゆで汁を加えて調整する。

3　パスタがゆで上がったら湯をきり、2のフライパンに加える。強火にし、フライパンをゆすって全体にからめる。水分が少なければパスタのゆで汁を加え、味見をして足りなければ塩を加える。

4　器に盛り、こしょうをふる。

枝豆明太子

クリームソースがつなぐ枝豆と明太子の組み合わせのパスタ。明太子は塩けと辛みをいかすために最後に加えて火を通し過ぎないようにします。

材料（1人分）

パスタ — 80g

明太子 — 30g

枝豆（ゆでてさやから出したもの）
　— 30g

にんにくオイル漬け（p.156）
　— 小さじ1

生クリーム — 70㎖

EVオリーブオイル — 大さじ1

塩 — 適量

粗挽き黒こしょう — 適量

作り方

1　鍋に2ℓの湯を沸かし、塩大さじ1強とパスタを加え、中火で袋の表示より1分短くゆで始める（p.12のパスタのゆで方参照）。

2　明太子は薄皮に切り目を入れ、スプーンなどで中身をこそげる。

3　ソースを作る。フライパンにオリーブオイル、にんにくオイル漬けを入れて中火にかけ、香りが立ったら生クリームと枝豆を加えて2分ほど煮る。煮詰まり過ぎたら、パスタのゆで汁を加えて調整する。

4　パスタがゆで上がったら湯をきり、3のフライパンに加える。強火にし、フライパンをゆすって全体にからめる。水分が少なければパスタのゆで汁を加える。2を加えてあえ、味見をして足りなければ塩を加える。

5　器に盛り、こしょうをふる。

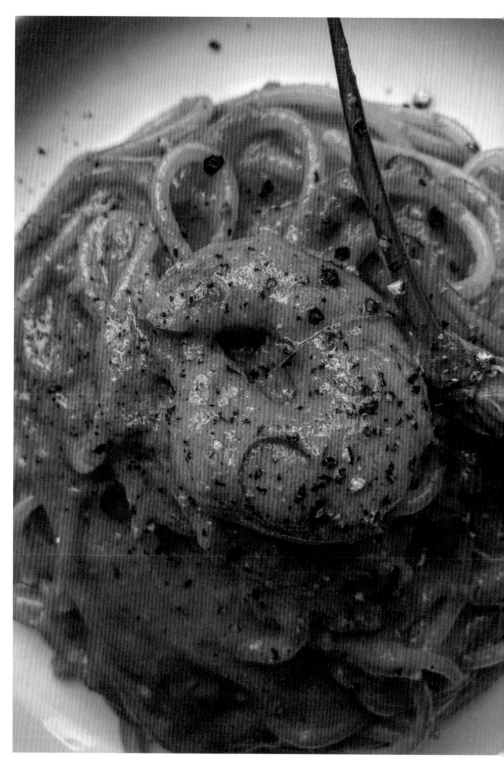

赤えびトマト

トマトの酸味とえびの旨味が合わさったまろやかな味わい
のトマトクリームパスタ。えびの頭から出るみそやだしも
ソースに溶け込ませます。

材料（1人分）

パスタ — 80g
赤えび — 大1尾
ホールトマト缶 — 50g
にんにくオイル漬け (p.156)
　　— 小さじ1
生クリーム — 小さじ4
赤唐辛子の輪切り — 5切れ
EVオリーブオイル — 大さじ1
塩 — 適量
粗挽き黒こしょう — 適量

作り方

1　トマト缶はフードプロセッサーで撹拌する。

2　鍋に2ℓの湯を沸かし、塩大さじ1強とパスタを加え、中火で袋の表示より1分短くゆで始める（p.12のパスタのゆで方参照）。

3　ソースを作る。フライパンにオリーブオイルを入れて中火で熱し、赤えびは殻と背わたをはずし、頭を付けたまま入れて両面焼く。えびの色が変わったら、頭をはずし、にんにくオイル漬けと唐辛子を加えて炒める。香りが立ったら生クリーム、1、えびの頭を加えて2分ほど煮る。煮詰まり過ぎたら、パスタのゆで汁を加えて調整する。えびの頭は取り出す。

4　パスタがゆで上がったら湯をきり、3のフライパンに加える。強火にし、フライパンをゆすって全体にからめる。水分が少なければパスタのゆで汁を加え、味見をして足りなければ塩を加える。

5　器に盛り、こしょうをふる。好みでえびの頭を添える。

ブルーチーズクリーム柿

フルーツの甘さと酸味、ゴルゴンゾーラチーズの独特の風味が溶け合い、白ワインが進むおつまみパスタです。ゴルゴンゾーラによく合い、味もからむペンネを使います。

材料（1人分）

パスタ（ペンネ）— 80g
柿 — 1/4個（50g）
生クリーム — 70㎖
ゴルゴンゾーラチーズ（ピカンテ）
　— 60g
塩 — 適量
粗挽き黒こしょう — 適量

作り方

1　鍋に2ℓの湯を沸かし、塩大さじ1強とパスタを加え、中火で袋の表示より1分短くゆで始める。

2　柿は一口大に切る。

3　ソースを作る。フライパンに生クリーム、2、ゴルゴンゾーラをちぎって入れて中火にかけ、チーズが溶けたら火を止める。

4　パスタがゆで上がったら湯をきり、3のフライパンに加え、全体にからめる。味見をして足りなければ塩を加える。

5　器に盛り、こしょうをふる。

ブルーチーズクリームいちじく

いちじくは煮込むと崩れてしまうので、パスタと同じタイミングで加えてからめます。火を通し過ぎないようにし、フレッシュな甘さを味わってください。

材料（1人分）

パスタ（ペンネ）— 80g

いちじく — 1/4個（50g）

生クリーム — 70mℓ

ゴルゴンゾーラチーズ（ピカンテ）
— 60g

塩 — 適量

粗挽き黒こしょう — 適量

作り方

1 鍋に2ℓの湯を沸かし、塩大さじ1強とパスタを加え、中火で袋の表示より1分短くゆで始める。

2 いちじくは皮つきのまま一口大に切る。

3 ソースを作る。フライパンに生クリームとゴルゴンゾーラをちぎって入れて中火にかけ、チーズが溶けたら火を止める。

4 パスタがゆで上がったら湯をきり、2とともに3のフライパンに加え、全体にからめる。味見をして足りなければ塩を加える。

5 器に盛り、こしょうをふる。

えびマッシュルームすだち

えびとマッシュルームという安定の組み合わせに、清涼感のあるすだちを加えることでさっぱりとしたクリームソースのパスタになります。

材料（1人分）

パスタ — 80g

えびオイル漬け (p.157)
　— 5尾

マッシュルーム — 2個

すだち — 1個

アンチョビペースト
　— 小さじ1と1/2

にんにくオイル漬け (p.156)
　— 小さじ1

生クリーム — 70mℓ

EVオリーブオイル — 大さじ1

塩 — 適量

粗挽き黒こしょう — 適量

作り方

1　鍋に2ℓの湯を沸かし、塩大さじ1強とパスタを加え、中火で袋の表示より1分短くゆで始める（p.12のパスタのゆで方参照）。

2　マッシュルームは薄切りにする。すだちは3mm厚さの輪切りにする。

3　ソースを作る。フライパンにオリーブオイル、にんにくオイル漬け、アンチョビペースト、マッシュルームを入れて中火で炒め、香りが立ったら生クリームとえびを加えて2分ほど煮る。煮詰まり過ぎたら、パスタのゆで汁を加えて調整する。

4　パスタがゆで上がったら湯をきり、3のフライパンに加える。強火にし、フライパンをゆすって全体にからめる。水分が少なければパスタのゆで汁を加え、味見をして足りなければ塩を加える。

5　器に盛り、すだちをのせ、こしょうをふる。

きのこトリュフオイル

きのこたっぷりのクリームパスタにトリュフオイルを加えることでリッチな味わいに。きのこは焼いて香りを引き出してから、にんにくなどを加えます。

材料（1人分）

パスタ ― 80g

きのこ（しめじ、マッシュルーム、えのきなど）― 100g

トリュフオイル（市販品）― 5 ㎖

にんにくオイル漬け（p.156）― 小さじ1

生クリーム ― 70㎖

EVオリーブオイル ― 大さじ1

塩 ― 適量

粗びき黒こしょう ― 適量

作り方

1　鍋に2ℓの湯を沸かし、塩大さじ1強とパスタを加え、中火で袋の表示より1分短くゆで始める（p.12のパスタのゆで方参照）。

2　きのこはあれば石突きを除き、食べやすく切ったり、ほぐしたりする。

3　ソースを作る。フライパンにオリーブオイルを入れて中火にかけ、きのこを焼く。焼き目がついたらにんにくオイル漬けを加える。香りが立ったら生クリームを加えて2分ほど煮る。煮詰まり過ぎたら、パスタのゆで汁を加えて調整する。

4　パスタがゆで上がったら湯をきり、3のフライパンに加える。強火にし、フライパンをゆすって全体にからめる。水分が少なければパスタのゆで汁を加える。トリュフオイルを加えてあえ、味見をして足りなければ塩を加える。

5　器に盛り、こしょうをふる。

トリュフオイル

ニューハナイで使っているのは、トリュフの芳醇な香りが楽しめる、天然黒トリュフエキスを加えたオリーブオイル。料理やパンなどに数滴かけるだけで、風味が変わります。トリュフを漬け込んだタイプのもあるので、好みのものを使ってください。

鶏煮込み九条ねぎ

白ワインで煮込んだ鶏もも肉と甘みのある九条ねぎを使い、
クリーミーに仕上げたパスタ。ねぎを大きめに切ることで
食べ応えがアップします。

材料（1人分）

パスタ — 80g

鶏もも煮込み (p.158) — 80g

九条ねぎ — 1本

にんにくオイル漬け (p.156)
　— 小さじ1

生クリーム — 70㎖

EVオリーブオイル — 大さじ1

塩 — 適量

粗挽き黒こしょう — 適量

作り方

1　鍋に2ℓの湯を沸かし、塩大さじ1強とパスタを加え、中火で袋の表示より1分短くゆで始める（p.12のパスタのゆで方参照）。

2　九条ねぎは3〜4cm長さの斜め切りにする。

3　ソースを作る。フライパンにオリーブオイルとにんにくオイル漬けを入れて中火にかけ、香りが立ったら生クリーム、鶏もも煮込み、2を加えて2分ほど煮る。煮詰まり過ぎたら、パスタのゆで汁を加えて調整する。

4　パスタがゆで上がったら湯をきり、3のフライパンに加える。強火にし、フライパンをゆすって全体にからめる。水分が少なければパスタのゆで汁を加え、味見をして足りなければ塩を加える。

5　器に盛り、こしょうをふる。

鮭イクラ

好相性の鮭とクリームにほうれん草を加え、プチプチ食感
のイクラをトッピング。一皿でいろいろな味を楽しめる、
見た目も華やかなパスタです。

材料（1人分）

パスタ — 80g
生鮭 — 50g
イクラ（塩漬け）— 20g
ほうれん草 — 1株
アンチョビペースト
　— 小さじ1と1/2
にんにくオイル漬け (p.156)
　— 小さじ1
生クリーム — 70ml
EVオリーブオイル — 大さじ1
塩 — 適量
粗挽き黒こしょう — 適量

作り方

1　鍋に2ℓの湯を沸かし、塩大さじ1強とパスタを加え、中火で袋の表示より1分短くゆで始める（p.12のパスタのゆで方参照）。

2　ほうれん草は3〜4cm長さに切り、ざるなどに入れ、1の鍋で1分ゆでて取り出す。

3　フライパンにオリーブオイル少々（分量外）を入れて中火にかけ、鮭を皮目がこんがりするまで両面を焼き、取り出す。

4　ソースを作る。フライパンをきれいにして、オリーブオイル、にんにくオイル漬け、アンチョビペーストを入れて中火にかけ、香りが立ったら生クリーム、鮭、2を加えて、鮭をへらでほぐしながら2分ほど煮る。煮詰まり過ぎたら、パスタのゆで汁を加えて調整する。

5　パスタがゆで上がったら湯をきり、4のフライパンに加える。強火にし、フライパンをゆすって全体にからめ、水分が少なければパスタのゆで汁を加える。イクラを加えてさっと混ぜ、味見をして足りなければ塩を加える。

6　器に盛り、こしょうをふる。

白子ほうれん草

白子のクリーミーさとクリームソースがかけ合わさり、濃
厚な味わいのパスタに。アンチョビの塩けと風味が全体の
アクセントになっています。

材料（1人分）

パスタ — 80g
白子オイル漬け (p.83) — 80g
ほうれん草 — 1株
アンチョビペースト
　— 小さじ1と1/2
にんにくオイル漬け (p.156)
　— 小さじ1
生クリーム — 70mℓ
EVオリーブオイル — 大さじ1
塩 — 適量
粗挽き黒こしょう — 適量

作り方

1　鍋に2ℓの湯を沸かし、塩大さじ1強とパスタを加え、中火で袋の表示より1分短くゆで始める（p.12のパスタのゆで方参照）。

2　ほうれん草は3～4cm長さに切り、ざるなどに入れ、1の鍋で1分ゆでて取り出す。

3　ソースを作る。フライパンにオリーブオイル、にんにくオイル漬け、アンチョビペーストを入れて中火にかける。香りが立ったら生クリーム、2、白子を加えて、2分ほど煮る。煮詰まり過ぎたら、パスタのゆで汁を加えて調整する。

4　パスタがゆで上がったら湯をきり、3のフライパンに加える。強火にし、フライパンをゆすって全体にからめる。水分が少なければパスタのゆで汁を加え、味見をして足りなければ塩を加える

5　器に盛り、こしょうをふる。

牡蠣ズッキーニ青のり

旨味が凝縮した牡蠣オイル漬けに、香り豊かな青のりを合わせ、クリームソースでまとめ上げたパスタ。味がしみたズッキーニも良い仕事をしています。

材料（1人分）

パスタ ― 80g

牡蠣オイル漬け (p.157) ― 3個

ズッキーニ ― 1/4本

青のり (生) ― 10g

にんにくオイル漬け (p.156)
　― 小さじ1

アンチョビペースト
　― 小さじ1と1/2

生クリーム ― 70ml

EVオリーブオイル ― 大さじ1

塩 ― 適量

粗挽き黒こしょう ― 適量

作り方

1　鍋に2ℓの湯を沸かし、塩大さじ1強とパスタを加え、中火で袋の表示より1分短くゆで始める（p.12のパスタのゆで方参照）。

2　ズッキーニは2.5mm厚さの半月切りにする。

3　ソースを作る。フライパンにオリーブオイル、にんにくオイル漬け、アンチョビペースト、2を入れて中火で炒める。香りが立ったら生クリーム、青のり、牡蠣を加えて2分ほど煮る。煮詰まり過ぎたら、パスタのゆで汁を加えて調整する。

4　パスタがゆで上がったら湯をきり、3のフライパンに加える。強火にし、フライパンをゆすって全体にからめる。水分が少なければパスタのゆで汁を加え、味見をして足りなければ塩を加える。

5　器に盛り、こしょうをふる。

ジェノベーゼソースの作り方

フレッシュなバジルをペーストにすると、その香りに驚くはずです。ブレンダーの熱でバジルが変色しないよう、加える水は冷水を使います。使う時は、ゆで上がったパスタに加え、加熱しながらからめます。

材料（作りやすい分量）

バジル — 100g
EVオリーブオイル — 150mℓ
塩 — ひとつまみ
冷水 — 150mℓ

*冷蔵で3日保存可能

1 バジルの葉を茎からはずし、ブレンダーに入れ、オリーブオイルを注ぐ。

2 塩、冷水を加え、攪拌する。一度にブレンダーのカップに入らない場合は、少量ずつ入れて攪拌するとよい。

3 なめらかになったら、保存容器に入れる。

えびじゃがバジリコ

ジェノベーゼソースによく合ううえびとじゃがいもを加える
ことで、ボリュームのあるパスタに。じゃがいもは少し漬
すことで味がしみやすくなります。

材料（1人分）

パスタ — 80g

えびオイル漬け (p.157) — 5尾

じゃがいも — 1/2個

ミニトマト — 1個

ジェノベーゼソース (p.124)
　　— 80g

にんにくオイル漬け (p.156)
　　— 小さじ1

アンチョビペースト
　　— 小さじ1と1/2

EVオリーブオイル — 大さじ1

粉チーズ — 大さじ1

塩 — 適量

粗挽き黒こしょう — 適量

作り方

1　じゃがいもは一口大に切って耐熱ボウルに入れ、ラップをかけて600Wの電子レンジで3分加熱する。ミニトマトは横半分に切る。

2　鍋に2ℓの湯を沸かし、塩大さじ1強とパスタを加え、中火で袋の表示より1分短くゆで始める（p.12のパスタのゆで方参照）。

3　フライパンにオリーブオイル、にんにくオイル漬け、アンチョビペーストを入れて中火にかけ、香りが立ったらえび、ミニトマト、パスタのゆで汁70㎖を加えて火を止める。パスタがゆで上がる直前に強火にかけ、沸騰させる。

4　パスタがゆで上がったら湯をきり、3のフライパンに加える。じゃがいもを加えて粗く潰す。ジェノベーゼソースと粉チーズも加えて強火にし、フライパンをゆすって全体にからめる。水分が少なければパスタのゆで汁を加え、味見をして足りなければ塩を加える。

5　器に盛り、こしょうをふる。

ベーコンマッシュルーム
バジリコ

ジェノベーゼソースに生クリームとミニトマトを加えて、
さわやかさの中にもまったりとした味わいのあるソースに
します。具材はほたてなどの魚介でもおいしく作れます。

材料（1人分）

パスター80g

ベーコン（ブロック）ー30g

マッシュルームー1個

ミニトマトー1個

ジェノベーゼソース (P.124)
　ー80g

にんにくオイル漬け (p.156)
　ー小さじ1

アンチョビペースト
　ー小さじ1と1/2

EVオリーブオイルー大さじ1

生クリームー小さじ4

粉チーズー大さじ1

塩ー適量

粗挽き黒こしょうー適量

作り方

1　鍋に2ℓの湯を沸かし、塩大さじ1強とパ
スタを加え、中火で袋の表示より1分短く
ゆで始める（p.12のパスタのゆで方参照）。

2　ミニトマトは横半分に切る。マッシュルー
ムは4つ割りにする。ベーコンは1cm四方
の棒状に切る。

3　フライパンにオリーブオイルを入れて中火
にかけ、ベーコン、マッシュルームを焼く。
にんにくオイル漬け、アンチョビペースト
を加えて、香りが立ったらミニトマト、パ
スタのゆで汁50mℓ、生クリームを加えて、
とろみがつくまで2～3分煮る。

4　パスタがゆで上がったら湯をきり、3のフ
ライパンに加える。ジェノベーゼソースと
粉チーズも加えて強火にし、フライパンを
ゆすって全体にからめる。水分が少なけれ
ばパスタのゆで汁を加え、味見をして足り
なければ塩を加える。

5　器に盛り、こしょうをふる。

1, 2　長野県にある八ヶ岳連峰の最北端、蓼科山。
3　　　長野県の黒姫山。
4　　　富士山を望む。
5, 6　ヨーロッパの最高峰、イタリア側のモンテビアンコ。
7　　　モンテビアンコから見たクールマイユールの町。
8, 9　イタリア・ジェノバ
10　　イタリア・トリノ

山と旅のこと

お店で料理を作り、お客様に食べていただく現在の仕事も好きですが、山に出かけたり旅行をすることも大好きです。自分のお店をはじめる前に、半年ほどバックパッカーとして1人旅をしていました。その影響もあってか、今でも毎月休みを取って、登山や旅行に出かけています。

登山をするのは長野県が多く、1人でいろいろな山に登っています。テントを持っていって泊まったり、温泉に立ち寄ったり、道の駅で地元の食材やワイン、日本酒などを買ってくることもあります。

ただ休むだけなら自宅や東京にいてもいいのですが、東京を離れて山に行くことで、溜まっていた疲れが癒やされてリフレッシュでき、気持ちが落ち着きます。日常とは違う非現実の静かな空間に身をおくことを、心が求めているのかもしれません。人とわいわい過ごすのも好きですが1人になる時間も自分にとっては大切。人と時間を合わせることなく、思い立ったら1人でふらりと気ままに行けるのも山の魅力です。山に登り、自然の中に身をおくことで、気づかされることもたくさんあります。

また、海外旅行に行くのも好きで、2023年は久しぶりにイタリアを訪れました。本場のパスタを食べ歩いたり、新しい食材やワインに出会えたり、刺激的で充実した時間でした。ただ、バックパックで行ったので、食材などを持ち帰ることがあまりできなかったことが今でも悔やまれます。この教訓をいかし、最近、人生で初めてスーツケースを購入しました。次回の旅行はスーツケースを持っていき、現地の食材などを持ち帰りたいと思っています。

登山や旅行での経験や過ごした時間は、巡り巡って自分の作る料理にもよい影響を及ぼしているのでは? なんて期待しています。

ニューハナイのタパス
「つまめる小皿」が
おいしさの法則

TAPAS

ニューハナイでは、スペインや
イタリアのバルで提供されるよ
うな小皿のおつまみ、タパスも
出しています。

ほどよい量の小皿でどれもお酒
に合うので、いろいろな種類を
つまみながらお酒を楽しむ方も
多いです。

火を使わない冷菜や熱々のもの、
さっと作れるものから作りおき
の食材を活用するものまで、人
気のタパスを紹介しています。

カルパッチョやアヒージョは食
材の組み合わせによって、豊富
な種類のメニューを作ることが
できます。

その日の気分や季節に合わせて
作ってみてください。

お店の看板タパス

スペインオムレツしらす青のり

じゃがいも主体の"オムレツの素"を加えることで、卵
1個でもふんわりと焼き上がります。しらすと青のりの代
わりに好きな具を入れ、自由に作ってみてください。

材料（1人分）

卵 — 1個

スペインオムレツの素（下記参照）— 100g

しらす（釜揚げ）— 10g

青のり（生）— 5g

EVオリーブオイル — 小さじ1/2

にんにくマヨネーズ（下記参照）— 適量

塩 — ひとつまみ

粗挽き黒こしょう — 適量

スペインオムレツの素

材料（作りやすい分量）

じゃがいも — 大1個（250g）

玉ねぎオイル煮（p.156）— 25g

マヨネーズ — 大さじ1と1/2

ガーリックパウダー
　 — ひとつまみ（1g）

塩 — ひとつまみ

作り方

1　じゃがいもは3〜4等分に切っ
て、耐熱ボウルに入れ、ラップ
をかけて、600Wの電子レンジ
で8分加熱する。マヨネーズに
ガーリックパウダーを加えて混
ぜておく。

2　じゃがいもをマッシャーなどで
潰す。そのほかの材料を加えて
混ぜ合わせる。
＊保存容器に入れ、冷蔵で4日保存可能

にんにくマヨネーズ

材料（作りやすい分量）

マヨネーズ — 100g

ガーリックパウダー
　 — ひとつまみ（1g）

作り方

すべての材料を混ぜ合わせる。
＊保存容器に入れ、冷蔵で5日保存可能

1 オーブンを250℃に予熱する。ボウルに卵を割り入れ、オムレツの素を加えてよく混ぜる。しらす、青のり、塩を加えて、さらに混ぜる。

2 スキレットを強火で熱し、十分に温まったら火を止める（こうすることでスキレットに生地がくっつきにくくなる）。オリーブオイルを入れてペーパータオルなどでなじませ、1を入れてフォークなどで平らにする。

3 すぐに予熱したオーブンに入れ、ふんわりと厚みが出て、うすく焼き色がつくまで7～10分焼く（指でそっと触ってみて弾力があったらOK）。

4 スキレットに器をかぶせ、ひっくり返すようにして盛る（やけどに注意する）。スペインオムレツの上面ににんにくマヨネーズを塗り、こしょうをふる。

焦がしブロッコリー

茶色くなるまでしっかりと揚げることで、サクサクとした
食感と香ばしさを楽しめます。パルミジャーノチーズをか
らめることでごちそう感がアップします。

材料（2人分）
ブロッコリー ― 1個
パルミジャーノチーズの
　すりおろし ― 適量
揚げ油 ― 適量

作り方

1　ブロッコリーは小房に分け、大きければ一
　口大に切る。ペーパータオルで水けをよく
　拭く。

2　揚げ油を高温（180℃）に熱し、1を入れ
　て揚げる。焦げる直前ぐらいに揚げ色がし
　っかりついたら、バットに取り出し、油を
　きる。

3　器に盛り、パルミジャーノチーズをたっぷ
　りかける。

いちごとマスカルポーネ

クリーミーな舌触りのマスカルポーネソースに季節のフルーツを合わせます。いちごは塩を少しふって汁けを出してからソースにのせます。

材料（2人分）

いちご — 5個

マスカルポーネソース（下記参照）
　— 30g

［仕上げ］

バジルの葉 — 2〜3枚

オリーブオイル — 少々

粗塩 — 少々

粗挽き黒こしょう — 少々

作り方

1　いちごは縦半分に切り、塩少々（分量外）をふっておく。

2　器にマスカルポーネソースを敷き、1をのせる。仕上げにバジルをちぎって散らし、オリーブオイル、粗塩、こしょうをかける。

マスカルポーネソース

材料（作りやすい分量）

マスカルポーネチーズ — 100g

生クリーム — 小さじ2

塩 — ひとつまみ（1g）

作り方

ボウルにすべての材料を入れて、なめらかになるまで混ぜる。

＊冷蔵で3日保存可能

マスカットとマスカルポーネ

マスカルポーネソースと合わせることで、マスカットの甘
みと酸味をより楽しめます。白ワインにもよく合う、見た
目も華やかな一品です。

材料（2人分）

マスカット（種なし）— 5粒

マスカルポーネソース（p.140）
— 30g

［仕上げ］

バジルの葉— 2〜3枚

オリーブオイル—少々

粗塩—少々

粗挽き黒こしょう—少々

作り方

1 マスカットは横薄切りにする。

2 器にマスカルポーネソースを敷き、1をの
せる。仕上げにバジルをちぎって散らし、
オリーブオイル、粗塩、こしょうをかける。

肉詰めマッシュルーム

大きめのマッシュルームにスパイスミートを詰めてオーブンで焼くだけ。マッシュルームの豊かな風味と肉汁が合わさり、滋味深いおいしさが生まれます。

材料（2人分）

マッシュルーム ― 中～大6個
スパイスミート (p.159) ― 100g
EVオリーブオイル ― 適量

［仕上げ］
パプリカパウダー ― 少々
ドライパセリ ― 少々
粗挽き黒こしょう ― 少々
粗塩 ― 少々
EVオリーブオイル ― 適量

作り方

1 マッシュルームは軸を除き、笠を逆さにしてスパイスミートを詰める。

2 耐熱容器に並べ、オリーブオイルをかける。250℃に予熱したオーブンでマッシュルームがやわらかくなるまで10～15分焼く（マッシュルームの大きさによって時間を調節する）。

3 器に盛り、仕上げにパプリカパウダー、パセリ、こしょう、粗塩をふり、オリーブオイルをかける。

鯛、すだち、玉ねぎマリネのカルパッチョ

カルパッチョは季節によっていろいろな魚介を使って作っています。淡白で上品な味わいの鯛に酸味を効かせた玉ねぎやオイルを加えることで、お酒に合うタパスになります。

材料（2〜3人分）

鯛のさく （刺身用）— 100g
好みの柑橘 （すだちなど）— 横1/2個
粗塩 — 少々
玉ねぎマリネ （下記参照）— 30g

［仕上げ］
EVオリーブオイル — 適量
粗びき黒こしょう — 少々

作り方

1 柑橘は皮つきのまま3mm厚さの輪切りにする。鯛は薄いそぎ切りにする。

2 器に鯛を盛り、粗塩をふり、玉ねぎマリネと柑橘をのせる。仕上げにオリーブオイルをかけ、こしょうをふる。

玉ねぎマリネ

材料（作りやすい分量）

玉ねぎの縦薄切り
　— 1個分 （200g）
塩 — 小さじ1/2 （刺身＋
　玉ねぎの重量の1％が目安）
白ワインビネガー — 大さじ1

作り方

ボウルに玉ねぎを入れ、塩をもみ込んで30分おく。白ワインビネガーを加えて混ぜる。

＊冷蔵で3日保存可能

サーモンとヨーグルトソースのカルパッチョ

脂ののったサーモンにさっぱりとした酸味のあるヨーグルトソースをかけました。きゅうりと赤玉ねぎの食感も楽しい一品。夏は器を冷やしておくのがおすすめです。

材料（2〜3人分）
サーモンのさく（刺身用）— 100g

［ヨーグルトソース］
きゅうりの粗みじん切り — 10g
赤玉ねぎの粗みじん切り — 15g
ヨーグルト（無糖）— 30g
EVオリーブオイル — 小さじ2
塩 — 少々

［仕上げ］
EVオリーブオイル — 適量
粗挽き黒こしょう — 少々
ディルの粗みじん切り — 少々
ピンクペッパー — 少々
粗塩 — 少々

作り方

1 ボウルにヨーグルトソースの材料を入れて混ぜる。

2 サーモンは薄いそぎ切りにし、器に盛り、1をかける。仕上げにオリーブオイルをかけ、こしょう、ディルをふり、ピンクペッパーを手で砕いて散らし、粗塩をふる。

牡蠣のオイル漬けと
きんかんのマリネ

牡蠣のオイル漬けに甘みとほのかな苦みのあるきんかんを
合わせます。ディルやケッパーを加えることで奥行きのあ
る味わいになります。

材料（2人分）

牡蠣オイル漬け（p.157、
　汁けをきったもの）— 3〜5個
きんかん — 1個
赤玉ねぎの粗みじん切り
　— 小さじ1
ディルのみじん切り — 少々
ケッパー — 5粒

作り方

1　きんかんは横薄切りにし、種を除く。ケッ
　　パーは粗みじん切りにする。

2　ボウルにすべての材料を入れて、混ぜ合わ
　　せる。

えびと枝豆のアヒージョ

アヒージョはオリーブオイルとにんにく、唐辛子で具材を
煮込む、スペインの小皿料理。えびのプリッとした食感と
枝豆のほくほくした食感を味わえます。

材料（2人分）

えびオイル漬け (p.157)
　—大4尾
枝豆（ゆでてさやから出したもの）— 30g
にんにくオイル漬け (p.156)
　—小さじ1
赤唐辛子の輪切り — 5切れ
EVオリーブオイル — 適量
イタリアンパセリのみじん切り
　—少々
パプリカパウダー — 少々
塩 — ひとつまみ

作り方

1　カスエラ（素焼きの鍋。または直火にかけ
られる小鍋や土鍋）にえび、枝豆、にんに
くオイル漬け、唐辛子、塩を入れる。

2　オリーブオイルを食材が半分浸かるくらい
まで注ぎ、中火にかけ、沸騰したら火を止
める。イタリアンパセリとパプリカパウダ
ーをふる。

さんまとミニトマトのアヒージョ

油で煮ることでさんまの身がしっとり仕上がり、塩焼きとは一味違う味わいです。具材の旨味が溶け出たオイルも絶品。パンを浸して食べてもおいしいです。

材料（2人分）

さんま（3枚におろしたもの）— 1枚

ミニトマト — 3個

にんにくオイル漬け (p.156)
　— 小さじ1

赤唐辛子の輪切り — 5切れ

EVオリーブオイル — 適量

イタリアンパセリのみじん切り
　— 少々

塩 — ひとつまみ

作り方

1　ミニトマトは横半分に切る。さんまは食べやすい大きさに切る。

2　カスエラ（素焼きの鍋。または直火にかけられる小鍋や土鍋）に1、にんにくオイル漬け、唐辛子、塩を入れる。

3　オリーブオイルを食材が半分浸かるくらいまで注ぎ、中火にかける。さんまに火が通るまで5～6分煮る。イタリアンパセリをふる。

いかとれんこんのスパイスミート炒め

ガラムマサラや赤ワインを使った、複雑で奥深い味わいの
スパイスミートが味の決め手。いかやれんこんのほかに季
節の食材を使って自由にアレンジできます。

材料（2人分）

いか（するめいかややりいかなど
　好みのもの）— 小1ぱい（100g）
れんこん — 1/2節（90g）
スパイスミート（p.159）— 30g
バジルの葉 — 2枚
サラダ油 — 適量
粗びき黒こしょう — 適量

作り方

1　れんこんは1cm厚さの半月切りにする。い
　かは足をわたごと引き抜き、胴の内側の軟
　骨を引き抜いて胴の中を洗い、ペーパータ
　オルで拭く。足は目の下に包丁を入れてわ
　たを切り落とし、くちばしは指で取り除く。
　胴の部分は1cm幅の輪切りにし、足は食べ
　やすく切り分ける。

2　フライパンにサラダ油を入れて中火にかけ、
　1を入れて炒める。全体に火が通ったら、
　スパイスミートを加えて炒め合わせる。

3　仕上げにバジルを大きくちぎって加え、さ
　っと混ぜて、器に盛り、こしょうをふる。

ポテトフライ

じゃがいもはゆでてから手で割ることで、切り口がいびつ
になって断面が増え、油で揚げた時の食感がサクサクにな
ります。春なら新じゃがいもがベストです。

材料（2人分）

じゃがいも — 大3個
塩 — 小さじ2
揚げ油 — 適量
マスカルポーネソース (p.140)
　— 適量
粗塩 — 少々
粗びき黒こしょう — 適量

作り方

1　じゃがいもは皮を縞目に半分ほどむき（新
　　じゃがいもは皮付きのまま）、3等分の輪
　　切りにする。

2　鍋に水1ℓ、塩、1を入れて中火にかけ、
　　沸騰してから7分ゆでる。

3　じゃがいもがやわらかくなったら、ざるに
　　あけて粗熱をとり、手で一口大に割る（や
　　けどに注意する）。

4　揚げ油を高温（180℃）に熱し、3を3分
　　揚げる。

5　器に盛り、粗塩、こしょうをふる。マスカ
　　ルポーネソースを添え、つけて食べる。

アルボンディガスのトマトソース煮

スペインの肉団子、アルボンディガスをトマトソースで軽く煮込む、スペインのバルで親しまれているメニュー。肉団子にハーブの香りを効かせるのがポイントです。

材料（1人分）

アルボンディガス（下記参照）
　― 6個
トマトソース（p.86）― 80g
粗びき黒こしょう ― 適量

作り方

1　小鍋にトマトソースを入れて弱火にかけて煮立て、アルボンディガスを加えて3〜4分煮る。

2　器に盛り、こしょうをふる。

アルボンディガス

材料（20個分）

［肉だね］
豚ひき肉 ― 500g
玉ねぎオイル煮（p.156）― 30g
溶き卵 ― 1/2個分
粉チーズ ― 5g
小麦粉 ― 5g
塩 ― 4g
ドライオレガノ ― 少々
バジルの葉 ― 10枚

揚げ油 ― 適量

作り方

1　肉だねを作る。バジルは手でちぎり、肉だねのほかの材料とともにボウルに入れて、白っぽくなるまで練り混ぜる。20等分（1個25〜30gが目安）し、バジルと玉ねぎが表面に出ないようにしてボール状に丸める。

2　揚げ油を高温（180℃）に熱し、1を入れて浮かんでくるまで3〜4分ほど揚げる。バットに取り出し、油をきる。

＊保存容器に入れ、冷蔵で3日保存可能

手のひらに肉だねをのせてコロコロと転がしながらボール状にまとめます。

パスタとタパスの素

パスタやタパスを作る時に欠かせないのが、常備している料理の素たち。準備しておくことで、パスタもタパスも手早くおいしく作ることができます。料理する時に味を決めたいので、塩分は控えめにして作っておきます。

にんにくオイル漬け

頻繁に使うにんにくはまとめて粗みじん切りにし、オイルに漬けておきます。

材料（作りやすい分量）
にんにく — 70g（1玉）
EVオリーブオイル — 35㎖

作り方

1　にんにくは縦半分に切って芯を除く。

2　にんにくとオリーブオイルをフードプロセッサーに入れ、にんにくが粗みじん切りになるくらいまで攪拌する。保存容器にオイルごと入れる。
＊冷蔵で3日保存可能

玉ねぎオイル煮

玉ねぎの薄切りを多めの油で炒め煮にしておくと、さまざまな料理に使えます。

材料（作りやすい分量）
玉ねぎ — 2個
EVオリーブオイル — 100㎖

作り方

1　玉ねぎは縦半分に切って縦薄切りにする。

2　フライパンにオリーブオイルを入れ、中火にかける。1を加え、しんなりするまで10分炒め煮にする。保存容器にオイルごと入れて冷ます。
＊冷蔵で3日保存可能

えびオイル漬け

むきえびはオイルで煮て、そのまま漬け
ておくことで保存が効きます。

材料（作りやすい分量）
むきえび — 150g
塩 — ひとつまみ
EVオリーブオイル — 適量

作り方

1　えびはバットに並べ、塩をふって
　30分おき、ペーパータオルで水け
　を拭く。

2　厚手の鍋に入れ、オリーブオイルを
　ひたひたになるくらいまで注ぎ、弱
　めの中火にかける。さっと煮て、え
　びがふっくらしたら火を止め、その
　まま30分ほどおいて冷ます。保存
　容器にオイルごと入れる。
　＊冷蔵で3日保存可能

牡蠣オイル漬け

牡蠣の身が縮まないように余熱でゆっく
りと火を入れ、旨味を凝縮させます。

材料（作りやすい分量）
牡蠣（むき身）— 150g
塩 — ひとつまみ
EVオリーブオイル — 適量

作り方

1　牡蠣は塩水（分量外）でそっと洗う。
　バットに並べ、塩をふって30分お
　き、ペーパータオルで水けを拭く。

2　厚手の鍋に入れ、オリーブオイルを
　ひたひたになるくらいまで注ぎ、弱
　めの中火にかける。さっと煮て、牡
　蠣がふっくらしたら火を止め、その
　まま1時間ほどおいて冷ます。保存
　容器にオイルごと入れる。
　＊冷蔵で3日保存可能

鶏もも煮込み

白ワインでじっくり煮ることで、さっぱりとした味わいになります。

材料（作りやすい分量）
鶏もも肉 — 3枚（750g）
塩 — 小さじ1
白ワイン — 大さじ5

作り方

1 鶏もも肉は1枚を5等分に切る。

2 厚手の鍋にすべての材料を入れ、水をひたひたになるまで注いで中火にかける。鶏肉がやわらかくなるまで30～40分煮る。

3 木べらで混ぜながら細かくほぐし、煮汁ごと保存容器に入れて冷ます。
＊冷蔵で5日保存可能

たこ煮込み

たこを白ワインで煮て、食べやすく切って煮汁ごと保存し、煮汁も活用します。

材料（作りやすい分量）
ゆでだこの足 — 300g
白ワイン — 大さじ2

作り方

1 厚手の鍋に白ワインと、たこを切らずに入れ、水をひたひたになるまで注ぐ。

2 中火にかけ、途中水適量を足して、ひたひたを保ちながら30分煮る。たこを取り出して一口大に切り、煮汁ごと保存容器に入れて冷ます。
＊冷蔵で5日保存可能

スパイスミート

香り豊かで複雑な味わいの肉そぼろは、野菜と炒めたり、詰めたりと使い勝手抜群。

材料（作りやすい分量）
豚ひき肉 — 300g
ガラムマサラ — 大さじ4
塩 — 小さじ1/2
しょうゆ — 大さじ1
赤ワイン — 大さじ2
サラダ油 — 大さじ2

作り方

1 フライパンにサラダ油を中火で熱し、豚ひき肉を入れ、木べらでほぐしてそぼろ状になるまで炒める。

2 ひき肉に火が通ったらガラムマサラ、塩、しょうゆを加えて炒め合わせる。均一に混ざったら赤ワインを加え、汁けがなくなるまで時々混ぜながら炒め煮にする。火を止めて粗熱をとる。
＊保存容器に入れ、冷蔵で5日保存可能

蒸しささ身

鶏ささ身をゆっくりと加熱することで、ふっくらとジューシーに仕上がります。

材料（作りやすい分量）
鶏ささ身 — 6本（300g）
塩 — ひとつまみ（1g）

作り方

1 鶏ささ身は筋を除き、塩を揉み込む。湯せんが可能な保存用袋に入れて空気を抜いて口を閉じ、熱が通りやすくなるように平らにする。

2 鍋に湯を沸かし、火を止めて1を入れ、ふたをする。そのまま30分おいて蒸す。冷めたら手で粗くほぐす。
＊保存用袋のまま冷蔵で3日保存可能

海老沢 健太郎
（えびさわ けんたろう）

ニューハナイ・オーナーシェフ。1988年、東京都生まれ。大学卒業後、都内のスペイン料理店やイタリア料理店で修業し、2017年東京都世田谷区の経堂に「ハナイ」をオープン。2020年に同じ経堂内で移転し、「ニューハナイ」になる。趣味は旅行と登山。
Instagram：@hanai8722

ニューハナイのパスタとタパス
おいしさの法則（ほうそく）

2024年4月17日　初版発行
2024年11月30日　再版発行

著者　　海老沢 健太郎（えびさわ けんたろう）

発行者　山下 直久

発行　　株式会社KADOKAWA
　　　　〒102-8177　東京都千代田区富士見2-13-3
　　　　電話　0570-002-301（ナビダイヤル）

印刷所　TOPPANクロレ株式会社

製本所　TOPPANクロレ株式会社

● お問い合わせ
https://www.kadokawa.co.jp/ （「お問い合わせ」へお進みください）
※内容によっては、お答えできない場合があります。
※サポートは日本国内のみとさせていただきます。
※Japanese text only
定価はカバーに表示してあります。